TU ROSTRO BUSCARÉ, SEÑOR

GIUSEPPE FORLAI

TU ROSTRO
BUSCARÉ,
SEÑOR

La oración como contemplación

SAN PABLO

© SAN PABLO 2025
Protasio Gómez, 11-15. 28027 Madrid
Tel. 917 425 113
secretaria.edit@sanpablo.es - www.sanpablo.es
© Edizioni San Paolo s.r.l., Cinisello Balsamo (Milán), 2023
www.edizionisanpaolo.it

Título original: *La preghiera come contemplazione*
Traducción: José Antonio Pérez Sánchez, SSP

Distribución: SAN PABLO. División Comercial
Resina, 1. 28021 Madrid
Tel. 917 987 375
ventas@sanpablo.es
ISBN: 978-84-285-7370-2
Depósito legal: M. 11.221-2025
Impreso en LiberDigital
Printed in Spain. Impreso en España

*A la madre Michela Porcellato, OSBCam,
y al padre Fernando Rivas, OSB,
con gratitud*

«Verán su rostro,
y su nombre estará
sobre sus frentes».
Ap 22,4

«Un niño, solo, en el mar, en un barquito
perdido en medio de las olas tormentosas, ¿cómo
va a saber si está cerca o lejos del puerto? Mientras
su mirada contempla aún la orilla de donde
ha partido, sabe cuánto camino ha hecho; viendo
la tierra alejarse, ¡su alegría infantil no tiene límites!
"¡Oh! –dice–, pronto terminará mi viaje". Pero
cuanto más se aleja la playa, más vasto parece
también el océano... Así, toda la ciencia del niño
se reduce a nada y ya no sabe hacia dónde se
dirige su barquito. Al no saber maniobrar el timón,
lo único que queda es abandonarse a las olas,
dejando la vela a merced del viento».
SANTA TERESA DE LISIEUX

Introducción:
El deseo de ver a Dios

«Si realmente reconocemos que Dios existe,
no podemos dejar de adorarlo,
a veces en un silencio lleno de admiración,
o de cantarle con alabanzas festivas».
Papa Francisco

El ser humano es una criatura interiormente in-completa y por eso siempre inquieta, aunque con-tinuamente intente disimular este santo malestar elaborando un proyecto tras otro. ¿Qué es lo que le falta? Muy sencillo, le falta Dios. El Señor sabe lo que la criatura desea y solo Él, que es infinito, pue-de llenar el corazón infinito del hombre, tiranizado por la conciencia de tener que morir. El filósofo alemán Martin Heidegger afirmaba que el hombre es un *ser-para-la-muerte*... nosotros, los creyentes preferimos pensar que el hombre es un *ser-para-la-vida*. Si Heidegger tuviera razón *in toto* no se entendería por qué el hombre, hecho para morir, se rebela con tanta tenacidad contra la idea de acabar en una tumba. Realmente es la vida la que nos saca de la cama cada mañana, ¡y no la muerte!

El Creador y la criatura están hechos el uno para el otro: Dios es infinito en el dar, el hombre es infinito en el recibir. Según santo Tomás de Aquino, la persona –*capax Dei*– está sedienta de cielo, tanto si es creyente como si no lo es, pues en ella reside el «deseo natural de ver a Dios». *Ver a Dios* significa transformarse en Él, ya que la criatura no puede verlo y seguir estando viva... a menos que, precisamente, se transfunda en Aquel que desea ver: «Seremos semejantes a Él, porque lo veremos tal cual es» (1Jn 3,2). Cuando lo contemplamos cara a cara –como enseña san Pablo (cf 1Cor 13,12)– entonces automáticamente sabremos también quiénes somos realmente nosotros, quiénes éramos, quiénes seremos. Por ahora debemos conformarnos con verlo de forma confusa, como en un espejo opaco.

A pesar de que vivimos bajo el régimen de la fragmentación, la anticipación de la plenitud en esta tierra es posible y real, no un deseo piadoso. Y lo saben los que la han experimentado. El lugar donde –si estamos bien preparados– se experimenta a Dios como plenitud es ordinariamente la santa Liturgia de la Iglesia, con sus sacramentos y sus ritos; pero también la oración contemplativa ha sido vivida por los santos como un ámbito en el que el Espíritu llena el alma, aunque sea solo por unos fugaces instantes. Pero basta probarlo para que no se olvide nunca. Esto significa que la contemplación, antes aun de ser algo difícil, misterioso o inaprensible, es el *secreto de la felicidad* ya en esta tierra. El asunto, por tanto, es serio y la perspectiva atrayente. Dios quiere que seamos contemplativos, porque quiere que vivamos felices.

Dicho esto, digamos honestamente que describir la oración contemplativa es una tarea ardua, ya que quien la experimenta realmente habla de ella muy poco y de modo fragmentario; al mismo tiempo, sin embargo, algo hay que decir, porque en ella el Señor comunica de manera especial sus gracias. Ignorar la dimensión contemplativa de la oración significaría privarse de uno de los dones más amorosos del Espíritu Santo, capaz de dar a la existencia en esta tierra, de por sí breve e incierta, un sabor de eternidad completamente especial. Intentaré aprovechar entonces el gran tesoro de la Tradición para ayudar –a mí mismo, ante todo, y luego al paciente lector– a encontrar motivaciones y estímulos para ser capaz de ponerse en disposición para la dimensión contemplativa de la oración cristiana.

Entonces, ¿de qué trata este libro? No de la oración en general, ni tampoco de la contemplación en sí misma –ni de los posibles dones místicos que la acompañan–, sino de la *dimensión contemplativa de la oración cristiana*, es decir, de esos grados de oración en los que ya no somos nosotros quienes reflexionamos y hacemos consideraciones –eso es la *meditación*–, sino que es Dios quien obra en nosotros, quien se comunica y nos transfigura. En resumen, cuando en la oración el Espíritu actúa y nosotros nos abandonamos, entonces tenemos oración contemplativa. Nosotros percibimos esto como un movimiento del corazón, una iluminación especial, una «moción» –un impulso de la voluntad– para hacer algo. Santa Teresa de Jesús utilizaba una metáfora muy eficaz, que simplificaré al máximo: en la meditación nos fatigamos como cuando tenemos que sacar agua del pozo para regar el huerto; en la contemplación el cansancio desaparece, porque Dios mismo riega el huerto haciendo llover. Todas estas cosas las veremos mejor más adelante. El desarrollo de este texto será el siguiente:

- El *primer capítulo* servirá para asentar las bases del tema. Veremos qué se entiende por *contemplación*, cuántos tipos hay y las diferentes formas de describirla. Luego volveremos a los evangelios para percibir en ellos dos paradigmas fundamentales de la contemplación. Finalmente, una descripción de los grados de la oración nos ayudará a situar la contemplación en el horizonte correcto.

- En el *segundo capítulo* profundizaremos en la contemplación como *áscesis*, como entrenamiento, o sea, como acto en el que voluntariamente decidimos «contemplar» un misterio de fe o un texto bíblico. Esta es la primera forma de contemplación, en la que es muy importante nuestro amor y el deseo de estar a los pies del Señor. Lo haremos recogiendo de la Tradición espiritual tres ejemplos –o métodos– muy conocidos para vivir la contemplación activa: los Padres del desierto, la *lectio divina* de Guigo II, prior de la Cartuja, y la contemplación tal como la entiende Ignacio de Loyola en sus *Ejercicios espirituales.*

- El *tercer capítulo* estará dedicado a la oración contemplativa llamada *pasiva,* es decir, en la que Dios toma la iniciativa y acoge el deseo de comunión con Él madurado en el corazón del orante. Examinaremos algunas figuras históricas especialmente representativas: Evagrio Póntico y Juan Casiano, que nos trajo la sabiduría de los Padres monásticos orientales; luego recogeremos algunas perlas de claridad y equilibrio de la espiritualidad occidental. De estas consideraciones obtendremos no solo algunas luces, sino también una fundamental pedagogía de la contemplación, todavía relevante y habitable.

• Finalmente, en el *capítulo cuarto* resumiremos lo dicho anteriormente para obtener indicaciones prácticas para la vida cristiana: si la contemplación infusa –o pasiva– es un don exclusivo de Dios, también es cierto que ordinariamente el Señor la concede a quienes se disponen a ella con humildad, dedicando tiempo al ejercicio de la oración contemplativa activa. Y, por tanto: ¿cómo ponerse a disposición de semejante don divino que se concede a todos los bautizados? En este último capítulo intentaré responder a la pregunta según la tradición mística de la Iglesia.

Un libro debería ser siempre algo valioso y no un mero producto. Este texto que he tenido la oportunidad de escribir realmente recibe su valor no del autor, sino del intento de hacer accesible la gran enseñanza de los santos contemplativos, esos amigos de Dios que todavía hoy nos acompañan con discreción y eficacia. La comunión de los santos es el arquitrabe de la contemplación, no lo olvidemos nunca. Al mismo tiempo, sin embargo, un libro es solo un libro y solo puede conducir a la práctica gozosa y constante de la experiencia de oración, nunca reemplazarla. Ya tenemos demasiadas palabras... opciones evangélicas un poco menos; no basta con leer, hay que amar y crecer en el amor haciendo el bien.

Comencemos, pues, por poner el corazón en la maravillosa invocación dirigida un día al Señor Jesús por el apóstol Felipe en el Templo de Jerusalén: «¡Muéstranos al Padre y nos basta!» (Jn 14,8). Sí, nos basta. Y si no nos bastase, querrá decir que aquel con el que nos hemos encontrado no era verdaderamente el Señor.

1
Premisas

Comencemos a sentar las bases de todo nuestro argumento. Intentaré explicar algunos términos fundamentales y ofrecer algunas distinciones o formas de entender la contemplación. A continuación, se presentan algunas sugerencias sobre el paradigma evangélico de la contemplación a partir de dos episodios bíblicos muy conocidos: la Transfiguración y la Crucifixión del Señor. Finalmente, colocaré la oración contemplativa en el contexto de los ocho grados clásicos de la oración.

¿Qué se entiende por *oración contemplativa?*

El ser humano es capaz de realizar al menos cuatro tipos de contemplación: natural, estética, filosófica y espiritual. Todas estas formas tienen en común el hecho de que en ellas se «ve» y se «conoce», en cierto modo, algo que ordinariamente no se alcanza de manera inmediata con una mirada superficial. Quizás cada uno de nosotros haya experimentado a lo largo de su vida los diferentes tipos de contemplación más habitualmente de lo que podríamos creer. Contemplar, de hecho, forma parte de la naturaleza humana, como asombrarse y sonreír. Todos somos contemplativos potenciales, pero casi nunca desarrollamos esta aptitud porque creemos que la vida es más bella si la controlamos y programamos, en lugar de recibirla con gratitud. Una breve mención de los tipos de contemplación:

- *Natural.* Me quedo embelesado ante el mar, su extensión infinita, la modulación de las olas, el silencio que hace de partitura al soplo de la brisa. La mente se relaja, las emociones se encienden en una mezcla de embobamiento y paz. Esta experiencia contemplativa ordinaria es muy importante para activar la interioridad y darle la posibilidad de percibir de una manera aún más aguda.
- *Estética.* Me detengo frente a la majestuosidad decadente del templo griego de Selinunte, quedo cautivado por la clara belleza de sus piedras y la simetría de las columnas. Una sensación de orden y armonía me inunda. No recuerdo ni el año de construcción ni el nombre del arquitecto, pero la obra se vuelve «mía»,

haciéndose eco del alma que busca armonía y pacificación. Es la contemplación de una obra de arte.

- *Filosófica.* La contemplación en la filosofía clásica indica ese ejercicio de la mente que se eleva gradualmente de lo particular a lo universal, de lo justo a la justicia, de la obra de arte a la belleza universal, del cariño a los hijos al amor. Platón fue su maestro y teórico. Aquí, pues, se «sube» de lo concreto a la idea, considerada como algo eterno y, por tanto, divino.
- *Espiritual.* Llamamos *espiritual* a la contemplación que se refiere a una verdad de fe. Pongamos un ejemplo: puedo contemplar un paisaje maravilloso –contemplación natural–, pensando en la grandeza del Creador –contemplación espiritual–; de manera más directa hay contemplación espiritual, cuando me dejo tocar por una dimensión del misterio, como la misericordia del Padre o la fortaleza de Jesús en Getsemaní.

En este libro nos ocupamos de esta última realidad: la oración en su forma de contemplación espiritual.

Dicho esto, tengamos presente que la contemplación espiritual es abordada con diferentes sensibilidades en Oriente y Occidente dentro del cristianismo;

en efecto, mientras que en la espiritualidad oriental la contemplación es más que nada una condición en la que el Espíritu Santo actúa amplia y constantemente sobre el bautizado –manifestando sus dones particulares de sabiduría y capacidad para escudriñar el misterio de Dios–, en Occidente ha sido entendida como la etapa más elevada de la vida espiritual y también como una modalidad de oración, con ciertas precauciones a seguir y ambientes y tiempos específicos para vivir. Por eso llamamos al monaquismo –aunque esto es discutible– *vida contemplativa*, cosa que para un monje oriental sería sencillamente incomprensible. Sin embargo, no debemos ser extremistas, ya que cada tradición tiene sus razones. También aquí –como enseñaba san Juan Pablo II– se trata de volver a respirar «con dos pulmones», renunciando en todo caso a acuerdos estériles y confusos.

Dentro del contexto occidental podemos hacer más distinciones:

- *Contemplación activa o adquirida:* como ya se ha dicho, es aquella forma de oración donde la persona se zambulle voluntariamente en un misterio de la vida de Cristo –pensemos en los misterios del Rosario–, o incluso simplemente en la contemplación de un icono, no solo reflexionando sobre lo que tiene delante, sino también dejándose tocar.

- *Contemplación pasiva o infusa:* aquí Dios decide tocar el alma del creyente. Ahora bien, está claro que, cuando una de las Personas trinitarias se nos hace presente, la psique humana se pacifica y se vuelve inoperante: el razonamiento discursivo se detiene, se pierde el sentido del tiempo e incluso los sentidos se calman. Estamos presentes ante nosotros mismos, pero como fuera de nosotros. La contemplación pasiva es un don que Dios hace al alma, ya sea para sostenerla y consolarla, o bien porque está destinada a una misión especial para el bien de la Iglesia.

- *Contemplación mixta:* es una situación habitual, si leemos los escritos de los grandes místicos. Intuitivamente entendemos de qué se trata: mientras se aplica a la contemplación activa, la persona que ora puede entrar en un estado de pasividad; así como, después de la contemplación infusa, la persona puede seguir disfrutando de lo recibido mediante el ejercicio de la meditación. Leyendo los escritos de los santos —como decía poco antes— no siempre es fácil distinguir claramente la contemplación activa de la contemplación infusa, especialmente en aquellos que tenían una vida de oración muy profunda y constante.

Ahora nos preguntamos: *¿qué* es lo que se contempla? La respuesta es más rica de lo que pueda pensarse. Se pueden contemplar las huellas –los «vestigios», como diría san Buenaventura– del Creador en las criaturas, viendo en ellas sus perfecciones y variedad; el plan providencial de Dios que guía la historia hacia la paz del Cordero inmolado, como hace el vidente en el libro del Apocalipsis, o a Cristo en la gloria del Padre como san Esteban durante su martirio. En todo caso, la contemplación espiritual siempre tiene que ver con una realidad que está más allá de los sentidos, aunque pueda partir de algo materialmente tangible.

¿Quién contempla? La respuesta parece sencilla: es la criatura humana, hecha a imagen y semejanza de Dios. Efectivamente... pero ¿qué «parte» de la persona contempla? ¿Qué órgano? Sin duda, un problema así puede parecernos hoy superfluo. Para los antiguos no lo era, ya que para ellos conocer el órgano de la contemplación significaba identificar en la criatura mortal lo que quedaría después de la muerte a la espera de la resurrección de la carne. Efectivamente, el órgano de la contemplación debía ser lo más adecuado posible –semejante– a la naturaleza de Dios, por tanto inmaterial, eterno y capaz de acoger un conocimiento lo más universal posible. Una vez asumido este criterio, todo viene como consecuencia.

Los sentidos no pueden ser el órgano de la contemplación –aunque tendrán un papel en la contemplación activa ignaciana–, ni obviamente tampoco puede serlo la voluntad, que se siente atraída por el bien, y no por la verdad; lo único que queda es el intelecto, o como diríamos hoy, la mente. Pero hay que entenderlo bien: Aristóteles enseñaba que el hombre posee un alma intelectual compuesta de intelecto activo e intelecto pasivo; el primero juzga y razona, el segundo recibe los datos de los sentidos y los memoriza. ¿Qué intelecto o «dimensión» de la mente entra en juego cuando se habla de contemplación? El gran teólogo del desierto egipcio Evagrio Póntico († 399) enseñaba que el intelecto que contempla es la mente abierta a Dios, la capacidad de recibirlo, con otras palabras, el intelecto pasivo. La mente del contemplativo es una mente que se asombra del Amor; es el intelecto entendido como pura receptividad de la gracia. Ahora bien, esta receptividad cristalina –estropeada por el pecado original– debe ser restablecida con una vida conforme al Evangelio. En efecto, solo los puros de corazón verán a Dios (cf Mt 5,8).

Finalmente, *¿cuál es el objetivo de la oración contemplativa?* La contemplación cristiana –en todas sus formas– tiene como objetivo la transfiguración de la criatura; no se vive la contemplación para iniciarse en secretos que nadie más debe conocer –excepto un círculo de elegidos, como en el gnosticismo–;

ni se contempla para conocer la verdadera naturaleza de las cosas ni del mundo inmaterial, como
en el neoplatonismo, ni para pacificar la mente y
alcanzar un estado de superconciencia, como en el
hinduismo. *La oración contemplativa tiene como objetivo ser en Cristo, el encuentro definitivo con el Padre
en el Espíritu Santo.* El objetivo en este caso lo da la
meta: el itinerario contemplativo cristiano conduce
a la plena comunión con la Santísima Trinidad, de
la que surgió toda la creación y a la que también
nosotros retornaremos.

Por tanto, en extrema síntesis:

- ¿Qué se contempla? Los misterios de la fe.
- ¿Quién contempla? La mente abierta al asombro.
- ¿Por qué se contempla? Para alcanzar la comunión con Dios.

Ejemplos de contemplación en los evangelios

Demos ahora un paso más, intentando captar algunas características de la contemplación cristiana a
partir de dos conocidísimos pasajes evangélicos, a
saber, el de la Transfiguración del Señor y el de su
Crucifixión. Tomamos ambos del evangelio según
san Lucas, empezando por el primero:

Unos ocho días después de estas palabras, tomó a Pedro, a Juan y a Santiago y subió a lo alto del monte para orar. Y, mientras oraba, el aspecto de su rostro cambió y sus vestidos brillaban de resplandor. De repente, dos hombres conversaban con él: eran Moisés y Elías, que, apareciendo con gloria, hablaban de su éxodo, que él iba a consumar en Jerusalén. Pedro y sus compañeros se caían de sueño, pero se espabilaron y vieron su gloria y a los dos hombres que estaban con él. Mientras estos se alejaban de él, dijo Pedro a Jesús: «Maestro, ¡qué bueno es que estemos aquí! Haremos tres tiendas: una para ti, otra para Moisés y otra para Elías». No sabía lo que decía. Todavía estaba diciendo esto, cuando llegó una nube que los cubrió con su sombra. Se llenaron de temor al entrar en la nube. Y una voz desde la nube decía: «Este es mi Hijo, el Elegido, escuchadlo». Después de oírse la voz, se encontró Jesús solo. Ellos guardaron silencio y, por aquellos días, no contaron a nadie nada de lo que habían visto (Lc 9,28-36).

El lector comprenderá por sí solo que nos encontramos ante un texto capital para nuestro tema. Sin entrar en una larga exégesis –que, entre otras cosas, no me siento capaz de hacer– destacaré algunos aspectos más relevantes para nuestro argumento:

- La contemplación es una invitación del Señor, que elige a Pedro, a Santiago y a Juan para una manifestación especial. Toda forma de oración es siempre respuesta a una llamada del Espíritu Santo.

- No solo los discípulos contemplan a Cristo glorioso, sino que es el mismo Jesús quien contempla junto a él a Moisés y a Elías. En cierto sentido, ¡los discípulos contemplan al Maestro que contempla! En estas contemplaciones está siempre presente una palabra divina: Jesús habla de su éxodo con los grandes de Israel; los discípulos escuchan la palabra del Padre sobre el Hijo. La contemplación cristiana es a menudo vehículo de una Palabra que se siembra en el corazón, aunque no se comprenda inmediatamente.

- Jesús entra en contemplación *mientras* ora. En Lucas esto es fundamental: solo en la oración se revela la identidad profunda tanto de Jesús como hijo amado del Padre, como de los discípulos en cuanto hijos en el Hijo. Para Lucas, fuera de la oración no hay identidad cristiana.

- La contemplación de la *Transfiguración* –o *Metamorfosis*, como les gusta decir a los orientales– sucede en la «montaña»; no una montaña cualquiera, sino «la» montaña por antonomasia. Lugar teológico y al mismo tiempo físico –el Monte Tabor en Galilea–, indica la *distancia necesaria* con respecto a la asamblea de los hombres. En el desierto y en el silencio, Dios se hace presente y habla.

• La contemplación es visión y noticia de lo divino, es a la vez imagen y palabra. En esencia, la contemplación revela que Dios está vivo y presente. Ve, se deja ver, está cerca y comunica. En latín el término *contemplatio* se compone de la preposición *cum* combinada con *templum:* un lugar distinto del ordinario en el que se está *con* alguien, con el dios que vive allí. Efectivamente, no es casualidad que la contemplación lleve a descubrir una «compañía».

• La contemplación revela una red invisible de comunión. Los discípulos están en relación con el Padre, Jesús conversa con Moisés y Elías. «El que cree nunca está solo», decía Benedicto XVI. Al mismo tiempo esta comunión no deja muchas certezas a los discípulos, que se sienten desorientados y no comprenden del todo. La nube divina los envuelve como una niebla. La contemplación en esta tierra es siempre algo incompleto, nunca una experiencia definitiva que ponga fin a todos nuestros interrogantes.

• Para nosotros, pobres criaturas, la contemplación es un momento, no una situación estable; sin embargo, cuando es auténtica –especial-

mente en el caso de la contemplación infusa–
deja en el alma un deseo irreprimible de volver
a vivirla.

Pasemos al segundo episodio evangélico:

Cuando llegaron al lugar llamado la Calavera, lo cruci-
ficaron allí a él y a los malhechores, uno a la derecha y
otro a la izquierda. Jesús decía: «*Padre, perdónalos, porque no saben lo que hacen*». Hicieron lotes con sus ropas
y los echaron a suertes. El pueblo estaba mirando, pero
los magistrados le hacían muecas, diciendo: «A otros
ha salvado; que se salve a sí mismo, si él es el Mesías
de Dios, el Elegido». Se burlaban de él también los sol-
dados, que se acercaban y le ofrecían vinagre, diciendo:
«*Si eres tú el rey de los judíos, sálvate a ti mismo*». Había
también por encima de él un letrero: «Este es el rey de
los judíos» (Lc 23,33-37).

También en este pasaje tan precioso encontramos
elementos teológica y espiritualmente llenos de con-
tenido. Procedamos brevemente por puntos:

• Lucas escribe que el pueblo «estaba mirando»:
  el verbo es el *theōréō* de la filosofía clásica, de
  donde proviene nuestra *teoría*. El término no
  hace referencia a una visión genérica de lo que
  hay a mi alrededor, sino a lo que se ve en pro-

fundidad después de haber visto el contexto.
Por lo tanto, el pueblo no ve simplemente la
Crucifixión, sino que descubre en ella algo más
profundo.

- La contemplación es la visión *correcta* de las
cosas, la que va más allá de las apariencias.
Me explico en seguida: Platón criticaba las
estatuas de los dioses colocadas en las plazas
porque, a su modo de ver, representaban una
«teoría» equivocada del mundo divino; en
efecto, podían inducir en la gente la idea de
que los dioses eran como los humanos, con
piernas y brazos. La teoría es, por tanto, la
visión de algo verdadero, la eliminación del
engaño. Dicho de otro modo, ¡no se puede
contemplar la mentira!

- Por eso, cuando Lucas escribe que el pueblo
«estaba mirando» en el Calvario –y solo allí–
quiere invitarnos a mirar la única imagen
verdadera de Dios que se nos da en esta tierra:
Jesús crucificado. Cualquier otra teoría sobre
Dios que no tenga que ver con la Cruz es en-
gañosa.

- Toda auténtica contemplación cristiana –aunque no tenga como objeto explícito el episodio
del Calvario– siempre está marcada y sellada
por la Cruz. La oración contemplativa, ya sea
activa o infusa, solo puede partir del amor

absoluto que brota del sacrificio del Cordero y empuja al contemplativo a perder la vida como el Maestro. En esto, la contemplación cristiana marca la diferencia con cualquier otra experiencia religiosa.

- El evangelista pone al pueblo ante un espectáculo en el que, bajo la aparente derrota, el Señor es calificado como «Rey de los judíos». A pesar de los insultos de los presentes, el Galileo exánime y humillado peor que un esclavo es contemplado con su título real. Así también nosotros, en la contemplación cristiana, experimentamos la presencia gloriosa del Señor bajo el manto de la debilidad y la fragilidad. La gloria anida en la humildad. Lo experimentó san Pablo cuando, mientras oraba insistentemente para ser liberado de su «aguijón en la carne», fue raptado hacia la contemplación infusa en la que el Señor puso sobre él el sello de su Cruz: «Te basta mi gracia, la fuerza se realiza en la debilidad» (2Cor 12,9).

Creo que estos dos pasajes lucanos nos han ofrecido muchas ideas, incluso tal vez verdaderos paradigmas para comprender la belleza y la especificidad de la oración contemplativa cristiana.

La contemplación entre los grados de la oración

Ha llegado el momento de situar la oración contemplativa entre los grados de la oración; esta operación nos permitirá captar mejor lo específico, pero también la necesaria gradualidad: todos nosotros, como bautizados, estamos llamados a la contemplación, pero esta es también una gracia de Dios a la que uno se va acercando paso a paso. Una vida entretejida de oración contemplativa –ordinariamente– no se puede improvisar. ¡El hecho reconfortante es que todos llegaremos a ser contemplativos después de la muerte!

Dicho esto, los grados de la oración son ocho, cuatro activos –ascéticos– y cuatro pasivos –infusos o místicos–. Como ya se ha mencionado, en los primeros prevalece el esfuerzo del creyente, en los segundos la obra del Espíritu Santo. Su tematización debe mucho a la doctrina de santa Teresa de Jesús († 1582), doctora de la Iglesia y reformadora del Carmelo, quien expuso su experiencia en la célebre obra maestra titulada *Castillo interior*.

Grados activos

1. La *oración vocal*. Consiste en la oración que expresamos con palabras. Pensemos sobre todo en la

oración litúrgica de la Santa Misa, en la Liturgia de las Horas o también en el Rosario. Jesús nos enseñó la oración vocal ante todo dándonos el Padrenuestro, que es el rezo por excelencia. El hecho de que constituya el primer grado no debe inducir a engaño, pues la oración vocal requiere que pongamos atención al significado de las palabras, hasta el punto de que santa Teresa enseñaba que –en el fondo– no hay una gran diferencia entre esta y la meditación. La oración vocal, hecha con sobriedad, devoción y atención, es un medio extraordinario para entrar en el «castillo» de la vida interior.

2. La *meditación.* Aparece la meditación cuando aplicamos la reflexión a un misterio de la fe –por ejemplo la providencia de Dios– y, sobre todo, cuando, como la Madre del Señor, guardamos la Palabra en nuestro corazón, aplicándola a los acontecimientos que se nos presentan la vida (cf Lc 2,19.51). Con la meditación sobre la vida de Cristo y sus enseñanzas buscamos orientación en el discernimiento, consuelo y estímulo para la conversión. La Tradición católica –que comprende la importancia de esta dimensión de la oración– ha propuesto muchos métodos prácticos para vivir la meditación como forma de oración. La meditación es indispensable para no quedarnos embotados en una vida interior aburrida y repetitiva; especialmente, la meditación de los evangelios propuestos por la Liturgia dominical representa

una piedra angular de la espiritualidad cotidiana. El beato Santiago Alberione enseñaba que «un día sin Sagrada Escritura es un día perdido».

3. La *oración afectiva*. La oración afectiva es aquella forma de oración en la que los afectos –expresados de distintas maneras– son preponderantes en comparación con la meditación discursiva –o sea, realizada a través de la reflexión–. En la Tradición moderna, llamaban *afectos* a todas aquellas oraciones en las que se expresaban al Señor los movimientos del corazón: alabanza, invocación, súplica y arrepentimiento. San Alfonso María de Ligorio fue sin duda un maestro en ello. Muchas oraciones dirigidas a Jesús en los evangelios son afectivas; pensemos en «Hijo de David, ten piedad de mí», «Señor, no soy digno de que entres en mi casa», «Bendito el vientre que te engendró» o «Señor, danos siempre de este pan». La oración afectiva es espontánea, inmediata y recurre a la dimensión emocional. Parece una oración fácil, pero en realidad es muy difícil, ya que requiere un cierto contacto con lo más profundo de nosotros mismos, que no se puede dar por supuesto. Muchas personas –en efecto– no saben lo que experimentan, y justamente cuando es necesario tutear a Dios con una oración cordial, se quedan bloqueadas.

4. La *oración de sencillez*. Aquí nos encontramos en una zona fronteriza entre actividad y pasividad. En efecto, la oración de sencillez consiste en dejarse

atraer por una simple palabra, por una breve enseñanza, por un «nombre» de Dios. Santa Teresa hablaba de ella con el nombre de *recogimiento adquirido o activo.* Puedo rezar durante mucho tiempo solo reflexionando y degustando que Dios es Padre. La oración de sencillez es comparable al niño que tira una piedra a un pozo muy profundo y luego aplica la oreja para oír el eco de la salpicadura. Pensad –a modo de ejemplo– en cuánto tiempo se puede permanecer en oración dejándose conmover por la profundidad de la exclamación de Pablo: «Para la libertad nos ha liberado Cristo» (Gál 5,1). La oración de sencillez exige una vida simplificada, esencializada y no perturbada por preocupaciones inútiles; es la puerta para la oración contemplativa. Quien está demasiado centrado en sí mismo lo tendrá difícil para vivir y disfrutar este grado de oración.

Grados pasivos

5. El *recogimiento infuso.* Una vez acostumbrado a la oración de sencillez, espontáneamente comenzamos a darle la mano al Espíritu Santo. Probablemente ni siquiera nos damos cuenta. Intentemos explicarlo: si en la oración de sencillez nos concentramos sobre un punto, en el recogimiento infuso *estamos concentrados,* sin premeditación, en un objeto concreto.

Estamos como secuestrados por la gracia de Dios, que nos lleva a otro «lugar». La propia santa Teresa confesaba que no sabía explicar bien lo que sucedía, y para hacer comprensible la experiencia recurría al clásico ejemplo de la tortuga. El hombre tiene cinco sentidos –oído, vista, olfato, gusto y tacto–, tantos como las extremidades de la tortuga –cuatro patas más la cabeza–, que cuando se recoge en sí misma es como si se replegara en el caparazón de su corazón. De modo semejante, mientras en la oración de sencillez el sujeto *decide* replegar los sentidos –que suelen andar por el mundo captando sonidos, imágenes, olores, sabores y sensaciones táctiles–, en el recogimiento infuso nos encontramos «recogidos» incluso antes de haber comenzado a pensar en Dios. No ha habido ningún esfuerzo de concentración... es como si nos cogieran en brazos, y así «suspendidos» nos transportaran al centro del ser. ¡Una gracia inapreciable!

6. La *oración de quietud*. El recogimiento infuso no se puede forzar. Si intento conseguirlo por mí mismo no llegará nunca. Y si no llega significa que todavía tengo que detenerme en la antesala de los grados anteriores. Con mayor razón, es imposible esforzarse por llegar a la oración de quietud. ¿Cómo describir el sexto grado? La oración de quietud se tiene cuando el Espíritu produce en el alma un sentido agudo de la presencia del Dios Vivo. Él está ahí delante de

nosotros en ese momento; una presencia suave y pacífica, capaz de absorber la atención de la persona. Parece una experiencia muy similar al recogimiento infuso. Y efectivamente es así, pero con una diferencia: mientras que en el primero la presencia de Dios absorbe la *mente* –que por tanto deja de razonar y reflexionar–, en la oración de quietud es la voluntad la que se pone en *stand by*, no se requiere nada más que seguir allí. El tiempo parece detenerse. ¿Qué significa que la voluntad esté suspendida? Debemos remitirnos al lenguaje clásico, según el cual la voluntad es la dimensión psíquica que tiende a alcanzar el bien –y el Bien Supremo que es Dios–. Cuando los místicos enseñan que la voluntad se duerme o se «suspende», no quieren decir que quede anestesiada, sino que entra en un estado de satisfacción: habiendo alcanzado el Bien Supremo, ya no se desea nada más. También dos amantes que están juntos experimentan la suspensión de la voluntad: ¡no desean nada más que seguir estando juntos! Este grado de oración mística deja a la persona una gran libertad interior ante las cosas y las opiniones de los demás.

7. La *oración de unión*. La quietud es ya un don enorme para el orante, pues en ella se puede gustar lo que santa Teresa llamaba *delicias*, es decir, un sentimiento de satisfacción que debió afectar también a Pedro, Santiago y Juan en el Tabor: «Señor, ¡qué bueno es que estemos aquí!» (Mt 17,4). Sin embar-

go, solo en la oración de unión toda la persona queda enteramente absorta en Dios. Simplifiquemos, esperando no trivializar: en el recogimiento infuso el Espíritu concentra los sentidos; en la quietud suspende la voluntad; en la oración de unión, finalmente, atrae hacia sí mismo también la memoria y la imaginación –que en los grados anteriores quedaban libres de movimiento–. Como se ve claramente, en la oración mística el Espíritu Santo se instala en el alma comenzando *de abajo hacia arriba*, o sea, desde los sentidos hasta la memoria, pasando por la voluntad. ¡Si hiciera lo contrario nos asustaríamos y nos quedaríamos sobremanera aturdidos! Se requiere graduación. Dios es un verdadero «señor» y no cruza el umbral de la casa, yendo inmediatamente a abrir la caja fuerte, sino que primero se detiene a la entrada, luego se sienta en la sala de estar y, finalmente, si nos abandonamos a su amor con generosidad, toma posesión de toda la morada.

8. El *matrimonio espiritual*. Estamos en la cima. El matrimonio espiritual se alcanza cuando, además de lo que hemos descrito en los pasos anteriores, se produce también la «suspensión» de los sentidos externos: el tacto, el gusto, el oído, la vista y el olfato se ven interrumpidos en su función y no simplemente concentrados, «replegados» como las extremidades en la metáfora de la tortuga. En el lenguaje común llamamos *éxtasis* a la cumbre de

esta experiencia contemplativa. No podemos saber exactamente qué le sucede al alma en éxtasis a menos que nos lo diga quien lo experimenta. Desde fuera, sin embargo, podemos decir algo: en éxtasis el orante está despierto pero ausente, si se le llama no responde, parece fijar la mirada en algo que está ahí pero que nosotros no vemos. Está como transportado al mundo eterno de Dios. Hay que tener mucho cuidado con estas situaciones, ya que también el diablo puede causar éxtasis para engañar. Para discernir la autenticidad del éxtasis debemos comprobar siempre si la persona que lo recibe crece en la fe, en la esperanza y en la caridad. El crecimiento en las virtudes teologales sigue siendo un criterio fundamental de discernimiento.

Además podemos distinguir dos formas de éxtasis contemplativo, el *profético* y el propiamente *místico*: en el profético el sujeto recibe de Dios una instrucción, un mensaje o una enseñanza –y por tanto la mente está concentrada y es capaz de recibir–. La Sagrada Escritura está llena de estos episodios. En el éxtasis místico, en cambio, Dios suspende las capacidades humanas, incluidos los sentidos, simplemente para unir el alma aún más estrechamente a sí mismo. Cuando el éxtasis místico es impactante y repentino –como les sucedió a muchos grandes santos–, también se llama *arrebatamiento*.

2
La contemplación como *actividad* del creyente

Ahora comenzamos a orientarnos hacia el vasto mundo de la oración contemplativa. Tal vez –por qué no– también nos hayamos reconocido en algunas descripciones, pues los grados infusos de la oración no son tan raros como podría pensarse. Poseemos, en fin, los elementos fundamentales para emprender algunas experiencias de contemplación. La Tradición es la enciclopedia del Espíritu, y precisamente de sus páginas queremos extraer tres ejemplos de contemplación activa, es decir, de esa oración elevada e iluminadora que se produce cuando el hombre se aplica con devoción e inteligencia a la reflexión sobre Dios y sobre su Palabra. Veremos qué nos sugieren los Padres del desierto, la tradición monástica de la *lectio divina* y, finalmente, recorreremos el método contemplativo de los ejercicios ignacianos.

La contemplación para los Padres del desierto

El término *Padres y Madres del desierto* se refiere a aquellos hombres y mujeres cristianos que a partir del siglo III se retiraron a lugares apartados –a menudo a las afueras de las grandes ciudades– o a los desiertos más conocidos de Egipto, de Palestina o de Siria, para vivir en castidad una vida de silencio y austeridad, en constante meditación de las Escrituras, ya sea solos o en grupos organizados. A estos primeros monjes –ermitaños o cenobitas– se les llama comúnmente *Padres y Madres del desierto;* recuerdo a algunos: Antonio el Grande, Hilarión, Macario, Poemen, Pacomio, Sinclética, Sarra, Teodora... Aunque alejados de su época, quizás ningún cristiano que quiera poner en el centro de su existencia el mandamiento del Señor de «orar siempre sin desfallecer» (Lc 18,1) puede prescindir realmente de su ejemplo y enseñanza. Obviamente estos grandes monjes no enseñan la oración contemplativa en sentido moderno, con todas sus subdivisiones o especificaciones, pero nos dan indicaciones esenciales para entrar en un clima de verdadera experiencia contemplativa. Nos gusta escucharlos porque son muy pragmáticos; están alejados de nuestra cultura, pero nos resultan muy cercanos a nuestras luchas.

Empecemos por aclarar qué significaba para estos anacoretas *contemplar*. Estamos todavía en una cultura marcada por costumbres grecorromanas en las que los arúspices –sacerdotes videntes que vivían en los templos de los dioses– propiciaban y leían el destino de la gente trazando con el bastón sagrado un espacio imaginario en el cielo, dentro del cual escudriñaban los signos divinos, como por ejemplo el vuelo de los pájaros. Por lo tanto, también aquí estamos ante una experiencia contemplativa entendida esencialmente como «conocimiento» y «visión», pero bien anclada en la dura existencia de la vida cotidiana.

Para los Padres y Madres del desierto la contemplación es una condición en la que el Espíritu nos introduce en la medida en que –y estaban seguros de ello– se decide firmemente perder la vida por Cristo. En otras palabras, puede llegar a ser contemplativo solo el discípulo de la Cruz, aquel que se responsabiliza de sus propios pecados, dejando de acusar a los demás. La bienaventuranza de ver a Dios la alcanzan solo aquellos que van purificándose de las pasiones con verdad. Para alcanzar estas cimas hay que descender al abismo. Para los primeros monjes no había otro camino seguro. Algunos pasajes –siempre válidos– pueden iluminarnos:

De la ascesis a la experiencia pascual. Nadie puede negar que para los maestros del desierto la *obra* de mantener a raya el cuerpo y la psique era un punto central. La vida espiritual comenzaba siempre desde abajo, nunca desde las ideas; precisamente desde el combate espiritual contra el demonio de la gula, el tirano que encadena al hombre a sus necesidades desde la infancia. A pesar de esta seriedad iniciática, los maestros sabían bien que todo eso solo servía para preparar el terreno y que las virtudes por sí solas no bastaban: solo Dios escogía el momento en el que el discípulo sería introducido en la Pascua, muchas veces a través de la terrible experiencia de la acedia, que no era una simple y estéril desgana, sino un verdadero estado que conduce a las puertas de la desesperación. La contemplación llega a menudo después de haber lidiado con el demonio de la desilusión y el tedio de vivir. Para los Padres es un axioma muy simple: solo los muertos resucitan y, por tanto, para resucitar hay que morir. La pereza es el instrumento de esta muerte.

De la conversión al arrepentimiento. Convertirse y arrepentirse no eran exactamente lo mismo. Para los Padres y Madres del desierto el único signo que atestiguaba el verdadero arrepentimiento –el célebre *pénthos*– era el abandono afectivo y efectivo del vínculo con el pecado. En otras palabras, estaba verdaderamente arrepentido aquel que no volvía a caer en los mismos hábitos. Evidentemente, este pasaje requería una gracia particular que se concedía con una condición muy precisa: renunciar a juzgar al hermano. A nosotros esta conexión puede sorprendernos, pero estamos ante una piedra angular de la pedagogía monástica. El que juzga orgullosamente a su prójimo es «abandonado» por el Espíritu a la fuerza de sus pasiones, de modo que caiga y se avergüence de sí mismo; de esa forma, tal vez, se curará del deseo de sacar la mota del ojo ajeno (cf Mt 7,5). Este aspecto es característico de los maestros del desierto: quien juzga –desatendiéndose a sí mismo– es humillado. El icono favorito y final de tal proceso era el esbozado por Lucas en el relato del publicano en el Templo (cf Lc 18,9-14). El publicano es el embrión del contemplativo.

De las virtudes a la humildad. El principiante necesita ejercitarse para luchar contra sus demonios, sus tentaciones; pero siempre corre el riesgo de convertirse en un barco que –tras cruzar la marejada– llegue a un lugar seguro en el puerto para luego naufragar miserablemente. ¡Es absurdo! ¿Cómo puede pasar esto? ¿Cómo puede naufragar un barco en las plácidas aguas del muelle? Por la vanagloria que madura en el corazón de quien vive virtuosamente pero sin amor: «He vencido mis pasiones –exclama el monje–, por eso merezco reconocimiento y gloria». Para los maestros del desierto no había virtud acreditada si no estaba probada por la humildad. Y para crecer en ella y evitar el peligro de la complacencia narcisista, era importante pasar la prueba mediante las humillaciones. Los Padres del desierto desafiaban con energía a los discípulos, inventando situaciones humillantes, como asignar al discípulo un trabajo repetitivo o inútil: sacar agua con una cesta de junco, golpear un árbol con un bastón, hacer y deshacer una cuerda de la mañana a la noche. Era la *vía de la reprobación*: experimentar la frustración, la inutilidad, y desenmascarar las falsas virtudes. Todo esto representaba una manera de abandonarse humildemente en manos de Aquel que es el único grande. Este es, pues, el camino: el monje se humilla ante el Cielo, como el publicano. Es el primer paso; con la reprobación se es humillado por los demás. Este es el segundo paso hacia la «visión» de Dios.

De los pensamientos a Cristo. Los pensamientos viciosos hacen imposible la contemplación; son estos los que nos impiden «ver» el reino de Dios entre nosotros. Estos pensamientos son como los mosquitos que en verano no nos dejan dormir: si te quedas dormido te pican, si sigues despierto te agotan. ¡Qué diferente de la contemplación! Hay que extinguir los malos pensamientos –los famosos *logísmoi*– que generan el caos, para acoger al *Lógos* –el Verbo de Dios– que recrea el cosmos, el orden interior. Una palabra de las Escrituras –así lo creían los habitantes del desierto–, pronunciada *ad hoc* por el padre espiritual, era considerada como un verdadero sacramento de curación; igualmente la manifestación de los pensamientos, a menudo escritos en una tablilla de cera para toda la jornada, tenía el poder de disolverlos. De ahí la famosa y sentida invocación: «*Abba*, dime una Palabra». Estamos en el corazón: para estos monjes la contemplación era una experiencia viva de cómo una Palabra de la Escritura podía actuar en ellos. Contemplar era, por tanto, poder testimoniar una transformación humanamente imposible, dicho de otro modo, el paso de la muerte a la vida. Se contemplaba la Pascua que acaecía en el corazón.

La contemplación en la *lectio divina*

La centralidad de las Palabras de la Escritura como eje de la contemplación permanece intacta en la tradición monástica: el método de la *lectio divina* –tan difundido hoy– no tiende a otra cosa. Toda forma de oración es una respuesta a una voz que llama e invita. El primer mandamiento de la Escritura es: «Escucha, Israel» (cf Dt 6,4). Escuchar la Palabra, meditarla en el corazón como la Madre del Señor, representa el modo privilegiado de rezar del cristiano. Nada se puede preferir a ella, porque quien escucha y pone en práctica las palabras de Jesús es como una casa construida sobre roca (cf

Mt 7,24) y recibe ya en esta vida un fragmento de la alegría futura.

Repasemos, pues, sus cuatro pasos, centrándonos después en el último, el estrictamente contemplativo. La fuente solo puede ser Guigo II († 1188), prior de la Gran Cartuja de los Alpes franceses, que escribe sobre ello en su *Carta a Gervasio* –también conocida como *Scala claustralium*–. Es muy bonito comprobar que Guigo tuvo la intuición de los cuatro pasos de la *lectio* mientras trabajaba en el huerto; de la contemplación de la creación le llegó la luz para sintetizar un modo de contemplación con las Escrituras. El libro de la creación es siempre preparatorio para la Biblia; esto no debería sorprendernos demasiado, ya que la Palabra que se revela en las páginas del texto sagrado es la misma por la que todas las cosas fueron creadas. Para entender aún mejor lo que vamos a decir, recordemos que los cuatro grados de la *lectio divina* son paralelos a los «cuatro sentidos» de la Escritura: el sentido literal al que corresponde la *lectio,* el sentido alegórico que se percibe en la *meditatio,* el sentido moral liberado en la *oratio* y el sentido anagógico desarrollado en la *contemplatio.* Estas son las conocidísimas etapas:

- *Primer grado.* El sentido literal de la página bíblica es lo que el texto quiere ofrecernos a nivel histórico, circunstancial. Se trata también de comprender lo que el autor del texto quiere decirnos al transmitirnos un episodio o una enseñanza. *Lectio:* consiste en la lectura repetida y atenta del pasaje de la Escritura hecha muy lentamente, sin preocuparse por comprenderlo todo de inmediato. En este momento el orante se parece al campesino que da vueltas alrededor del árbol con aptitud y atención para identificar el mejor fruto a recoger. La preocupación es comprender bien lo que allí está escrito, relacionándolo quizás con lo que ya se sabe de la Biblia. Se compone en la mente una especie de collar: con el pasaje en cuestión, se «enhebran» las perlas bíblicas que retornan a la memoria del orante. Todo se vivía sin prisas, incluso durante el trabajo diario realizado en silencio.

• *Segundo grado.* El sentido alegórico intenta captar la referencia a Cristo escondida en todas las Escrituras. Cada página de la Biblia señala y alude al misterio de la Encarnación, muerte y Resurrección de Jesús. Así, a modo de ejemplo, si medito sobre Moisés extendiendo el bastón para permitir a Israel cruzar el Mar Rojo, la fe me remite a Cristo que, a través del madero de la Cruz, nos abre el camino hacia el perdón de los pecados y la libertad del Reino. *Meditatio:* una vez recogido el fruto del árbol de las Escrituras –un versículo, o incluso una sola palabra–, comenzamos a «masticarlo» en la memoria, como el campesino que se lleva a la boca el fruto que ha elegido para saborearlo y experimentar una primera satisfacción. En la antigüedad, *meditar* no significaba tanto reflexionar, sino memorizar a través de una repetición continua hecha a flor de labios. En la meditación, de todas formas, empezamos también a pensar sobre la relación entre lo que he leído y los misterios de la fe, entre la página bíblica y el misterio de Cristo. Por tanto, en este segundo grado no se trata tanto de deducir las implicaciones morales del texto –«¿qué tengo que hacer?», «¿qué debería cambiar?»–, sino de comprender lo que el Señor me dice de sí mismo y de su amor. Esta es ya una primera forma de contemplación activa: Dios se deja entrever a través del velo del texto.

- *Tercer grado.* El sentido moral exige que el orante se interrogue sobre la relación entre su vida y la página de la Escritura, tratando de captar, a través de la invocación, la sugerencia del Espíritu que lo empuja hacia un amor más ferviente hacia Dios y hacia los hermanos. *Oratio:* el monje comienza a sentir en la lengua y en el paladar todo el sabor del fruto que mastica. Poco a poco la degustación reemplaza a la indagación y nace en el corazón el deseo de responder a la Palabra recibida. La secuencia comienza a ser más clara: escucha, comprensión y respuesta. ¿No es tal vez esta la *lectio* de la Madre del Señor en el momento de la Anunciación? Escucha al ángel, le pregunta para comprender y, finalmente, hace su entrega. La oración abre suavemente el camino al propósito. En la oración nos ofrecemos: «Aquí está la esclava del Señor: hágase en mí según tu Palabra» (Lc 1,38).

• *Cuarto grado*. El sentido anagógico –es decir, que «nos lleva hacia arriba», hacia las realidades eternas– se descubre en la página bíblica cada vez que frente al texto nos planteamos la pregunta: ¿qué puedo esperar? Efectivamente, en la Escritura están contenidas las promesas de Dios, promesas eternas de resurrección y vida eterna. El evangelio de Juan reproduce una lectura anagógica que hace el propio Jesús en el capítulo 6: cuando en la sinagoga de Cafarnaún habla del maná caído en el desierto, utiliza el episodio para elevar la mente de los oyentes a desear el verdadero Pan del cielo que el Padre da y que alimenta para vida eterna. *Contemplatio:* como ya hemos aprendido, la contemplación infusa la da solo Dios, por tanto el hombre no puede planificarla ni exigirla. Volviendo a la metáfora del campesino, en esta última fase comienza la digestión del fruto recogido: la Palabra entra en la sangre, su poder es asimilado por el organismo espiritual. En este sentido, el monaquismo es muy pragmático y no le gusta detenerse en la descripción de los estados místicos, catalogando y analizando; esto será más específico de la era moderna. Al monje le basta saber que sus «palabras» han dado paso a la Palabra; para el monje el éxtasis que cuenta es la dulzura del silencio interior donde la Presencia se hace familiar: el Señor no solo está ya delante de él, sino *dentro,* como un anticipo de ese paraíso en el que estaremos siempre con Dios (cf 1Tes 4,18). No es casualidad que san Carlos de Foucauld, que fue monje trapense, hablara de la contemplación simplemente como «estar con el Amado». Al mismo tiempo –además– esta conciencia de la presencia del Señor en el corazón da la *certeza* de que la vida eterna no es un engaño y que las realidades futuras están verdaderamente preparadas para nosotros una vez que atravesemos el umbral de la muerte. Por tanto –fijémonos bien–, la contemplación el sentido anagógico de la Escritura se realiza al menos en dos sentidos: dulzura de la Presencia –también llamada *anagogía subjetiva*– y certeza de la resurrección de los muertos y de la vida del mundo futuro –*anagogía objetiva*–. Para el mundo monástico anterior al siglo XIII, solo aquí y en este nivel de contemplación se puede empezar a reflexionar verdaderamente sobre Dios; en otras palabras, a hacer teología.

Dicho esto, quisiera añadir otro aspecto raramente mencionado: para el monje, la contemplación es también «imaginación». Para los medievales –piénsese en dos gigantes como santa Hildegarda de Bingen o san Bernardo de Claraval–, la fantasía no era el instrumento de la dispersión, de la fuga o de la reflexión sobre lo que no puede existir porque está fuera de los esquemas. Cuando el monje imagina, en realidad contempla –incluso a través de metáforas– el mundo tal como Dios lo ve, vislumbra el futuro de la Iglesia y la vida del mundo venidero. En palabras más sencillas, la mente, alimentada por las Escrituras a través de la imaginación, es capaz de interpretar lo que el mundo y la Iglesia experimentan. ¡Los contemplativos de la Edad Media son los únicos profetas! No olvidemos, de todos modos, un último detalle: para los monjes –todavía hoy– el lugar de la contemplación –pasiva y a la vez activa– es la Liturgia, allí Dios se deja ver verdaderamente bajo los signos sacramentales y los símbolos rituales, y nosotros apuntamos a la anticipación del reino de los cielos. Tendremos en cuenta esto en el cuarto capítulo.

La contemplación en san Ignacio de Loyola

San Ignacio († 1556) fue un verdadero maestro de la contemplación activa. Su testimonio a este respecto tiene aún más valor si consideramos que el Señor le concedió también el don de la contemplación infusa, como atestiguan tanto su autobiografía, *El relato del peregrino,* como su *Diario espiritual.* Su método, meticulosamente descrito en los *Ejercicios Espirituales* –una obra escrita a lo largo de muchos años–, es justamente famoso. A mí me parece, muy humildemente, que el método ignaciano es un modo de contemplación activa especialmente recomendable, al menos por tres razones: la primera es que educa los *sentidos espirituales* a través de la imaginación –¡lo explicaré en breve!–, la segunda porque ayuda mucho a aprender a sentir internamente los deseos que el Espíritu suscita en nosotros y la tercera porque involucra de manera completa a la persona que ora mediante la aplicación de la mente, de los sentidos, del cuerpo y de los afectos.

Merece una aclaración preliminar el concepto de *misterio de la vida de Jesús* que subyace a la contemplación activa: para Ignacio –y para muchos antes y después de él– un pasaje del evangelio no es un mero relato, sino más bien un misterio en el que hay que entrar. Como Jesús es verdadero Dios y verdadero hombre, lo que vivió en esta tierra como hombre queda en cierto modo eternizado por su naturaleza divina, para ser ofrecido a todos y en todos los tiempos. Con otras palabras, si contemplo con fe la curación del paralítico, también a mí me alcanzará la gracia particular que subyace a ese hecho. El misterio no es una máquina del tiempo imaginaria, sino más bien una especie de *sacramental* que hace que yo pueda beneficiarme del amor divino que brota del relato. La espiritualidad francesa desarrollará mucho esta experiencia espiritual. De todas formas, si lo pensamos bien, incluso durante el Rosario nosotros no rezamos por pasajes, sino por «misterios».

Dicho esto, paso a describir la contemplación ignaciana aplicándola al episodio de nacimiento de Jesús en Belén, que el propio Ignacio propone en los *Ejercicios*. De esta forma será más fácil entender el método sin multiplicar las explicaciones:

- *Elección del lugar:* en primer lugar es necesario encontrar un lugar solitario y tranquilo para experimentar la contemplación. No debe ser necesariamente una iglesia o una capilla, lo importante es que sea un lugar tranquilo y confortable. Ignacio concede gran importancia al lugar de la oración y nos pide que demos gracias al Señor en el momento en que lo encontremos. Se puede cambiar, pero es mejor no modificarlo con demasiada facilidad.

- *Oración preparatoria:* después de haberme instalado de manera que el cuerpo pueda pacificarse, me pongo en presencia de Dios y pido la gracia de que «todas mis intenciones, acciones y actividades –escribe Ignacio– estén puramente ordenadas al servicio y alabanza de su divina Majestad».

- *Primer preámbulo:* en este punto recuerdo brevemente el episodio –el misterio– que quiero contemplar y que he leído o escuchado previamente. En efecto, es necesario entrar en la contemplación conociendo ya de antemano el misterio en cuestión. Se trata simplemente de recordar los puntos destacados del relato evangélico, pero sin entrar en detalles. De esta manera la atención se despierta suavemente y se concentra gradualmente.

- *Segundo preámbulo:* aquí es donde entra en juego la imaginación. Nunca dejará de subrayarse la importancia de la *compositio loci* ignaciana: nos ayuda a santificar esta facultad de la mente que con demasiada frecuencia descuidamos en el camino espiritual. Porque, efectivamente, también la imaginación está llamada a la santidad. Así pues, imagino la escena haciendo una especie de cuadro mental. Represento Belén en mi mente, el pequeño pueblo en medio de las colinas de Judea, el caravasar o la cueva donde María y José encuentran refugio... Me transporto allí. De forma natural, cerrando los ojos y activando mis sentidos interiores, imagino colores, olores, voces, ruidos, el tiempo que hace...

- *Tercer preámbulo:* una vez compuesto el lugar, pediré «eso que quiero», escribe Ignacio, es decir, la gracia que imploro contemplando ese misterio concreto; con otras palabras, adapto la petición al don profundo que el Espíritu comunica a través del texto. En el caso de la Natividad puedo pedir conocer el abismo del amor de Dios que se hizo hombre por mí, llegando a compartir nuestra fragilidad y pobreza. Este preámbulo no se debe subestimar, pues hay que aprender a desear lo que se pide al Señor; cuando el deseo sea fuerte y puro entonces llegará la gracia. No hagamos como el mítico Parsifal, que no obtuvo del Rey Pescador el Santo Grial, simplemente porque... ¡no se lo pidió como regalo!

- *Primer punto:* después de las fases preparatorias entramos en la auténtica contemplación activa. Se vuelve al «lugar» del misterio, ya compuesto en el segundo preámbulo. Ahora, sin embargo, se trata de *agudizar la mirada* y

57

de imaginar en particular a José y María junto con el Niño; pero –eso sí– no como si fuera un cuadro frontal, sino colocándonos *dentro* de la escena, imaginándonos como un sirviente más que está ahí para ayudar. Colocándome en medio de ellos los observaré de cerca, para comenzar a considerar eso que me sorprende, para conseguir consuelo y luz.

- *Segundo punto:* siempre dentro de ese escenario intentaré *escuchar* lo que los protagonistas se dicen entre ellos; las palabras que José y María intercambian. También aquí reflexiono para beneficiarme de ello. En este punto la dimensión afectiva del orante debería comenzar a moverse con libertad.

- *Tercer punto:* después de haber considerado con mi imaginación lo que veo y lo que oigo, ahora me pongo a observar *qué hacen* los protagonistas, cómo se mueven, cómo se sirven unos a otros, qué actitudes de adoración y servicio manifiestan ante el pesebre. También aquí considero y aprendo, tratando de sacar provecho.

- *Conclusión:* los tres puntos representan el corazón de la contemplación ignaciana. Pero el fruto de la oración es especialmente evidente en las conversaciones finales. Se trata de conversar espontáneamente con el Padre, el Hijo o el Espíritu, pero también con algunos de los personajes que he contemplado. Puedo intercambiar unas palabras con san José o con la Madre del Señor. Lo importante es que traiga al diálogo lo que he considerado durante la oración. Aquí san Ignacio nos da una buena sugerencia: puedo hablar como habla un siervo a su amo, o como un amigo a otro amigo. ¿Cómo orientarse? Yo diría esto: si tengo una manera habitual de relacionarme con Dios excesivamente informal, puedo intentar dirigirme a Él con reverencia, como un siervo a su buen amo; si estoy lleno de escrúpulos y soy más bien formal, optaré por hablar como un amigo con su amigo.

La contemplación ignaciana –según mi experiencia– es un método muy eficaz para degustar las páginas del evangelio, aunque al principio suceda un poco como con los escolares, que se preocupan mucho por hacer bien los deberes, pero luego se adquiere agilidad y las cosas no son ya tan complicadas. Asimismo, el método descrito es excelente para prepararse para los grados más «pasivos» de la contemplación. Y precisamente de esto es sobre lo que ahora debemos escribir.

3
La contemplación como obra del Espíritu

En este capítulo nos dedicamos a profundizar en la contemplación pasiva o infusa, esa en la que el Espíritu se une al creyente –desarrollando su vida mística embrionaria–, transformándolo cada vez más a imagen de Cristo. Como en el capítulo anterior, nos referimos siempre a la Tradición consolidada de la Iglesia, sin inventar nada. Dos advertencias previas:

- La primera: la vida mística no consiste esencialmente en «fenómenos místicos» –visiones, estigmas, profecías, lectura de los corazones...–, sino más bien en el mayor crecimiento posible de las virtudes teologales: fe, esperanza y caridad. *Místico* es quien está perfectamente conformado al Señor crucificado y resucitado. Pensemos en santa Teresa del Niño Jesús, doctora de la Iglesia, que no experimentó –por lo que podemos saber– ningún fenómeno místico extraordinario.

- Segunda advertencia: ya se dijo que comprender la contemplación infusa es muy difícil sin una experiencia personal. Quien la ha experimentado no sabe cómo comunicarla y quien no la ha vivido no la comprenderá completamente. Aun así, es importante saber que existe y poder reconocerla, entre otras cosas porque todos estamos llamados a ella según nuestro estado de vida y nuestra personal disponibilidad a la acción del Espíritu.

La lección de Evagrio Póntico

Es famosa y muy rica la doctrina sobre la oración de Evagrio († 399), monje y teólogo del desierto egipcio; nuestro anacoreta dedicó al tema una de sus obras más maduras, *La oración* –precisamente–, dividida en 153 capítulos. El número no es aleatorio: 153 es el recuento de los peces de la pesca milagrosa (cf Jn 21,11). Esto nos hace comprender que para Póntico la oración es el lugar de la vida, de la fecundidad y de la abundancia. Observamos –*en passant*– que para nuestro teólogo del desierto solo se puede progresar en la contemplación, si nos acompaña un maestro experto.

Encontramos en Evagrio dos etapas de la oración: la primera es la del creyente que lucha contra sus pasiones y egoísmos, mientras que la segunda es propia de la persona purificada que camina ágilmente por los caminos de Dios. La primera se llama oración *pura*, la segunda –la que más nos interesa– oración *espiritual*. Intentemos afrontar esta doctrina nada fácil, armándonos de buena voluntad:

La oración pura. Solo algunas referencias muy breves. La oración se llama *pura* –en el sentido de agradable a Dios– cuando se elevan al cielo manos inocentes que no han ofendido a los hermanos y cuando se formulan palabras con una lengua santa, no contaminada por juicios, calumnias o denuncias. En general, según Evagrio, toda pasión es un obstáculo para la oración, pero la ira o, peor aún, el odio hacia los demás hace que la oración sea desagradable a Dios y, por tanto, en última instancia, inútil. Póntico escribe: «Si uno desea la oración pura y quiere presentar a Dios una mente sin pensamientos, controle la ira y mantenga a raya los pensamientos que de ella se derivan; me refiero a aquellos que nacen de la sospecha, del odio y del rencor, los cuales, de manera especial, ciegan la mente y arruinan su condición celestial».

Esta primera etapa de oración es muy importante y tiene fundamento bíblico. No se trata de entrar en uno mismo ni de experimentar algún tipo de concentración o pacificación de la mente. Para Evagrio, reza de verdad quien ama a su hermano. Punto. Dios solo escucha al hijo que no juzga a su prójimo. En este caso su oración le es siempre agradable, aunque sea distraída o discontinua. ¿Acaso no enseña eso la Escritura?: «Si cuando vas a presentar tu ofrenda sobre el altar, te acuerdas allí mismo de que tu hermano tiene quejas contra ti, deja allí tu ofrenda ante el altar y vete primero a reconciliarte con tu hermano, y entonces vuelve a presentar tu ofrenda» (Mt 5,23-24). No hay espacio para equívocos. Por tanto, «pura» no es una mente sin pensamientos o emancipada de las realidades terrenas, sino la oración de un corazón carente de maldad.

La oración espiritual. «Si eres teólogo, rezas de verdad, y si rezas de verdad, eres teólogo»: es una frase muy famosa de Evagrio. ¿Qué significa? Dado que Dios se revela al creyente en la oración, solo quien reza puede conocer algo de Él; y donde Dios se revela —y no en las suposiciones humanas— se hace auténtica teología cristiana. Es fácil decir de qué oración estamos hablando: la espiritual, es decir, la provocada por el Espíritu Santo sin mérito humano, una contemplación infusa —aunque el término sea moderno— en la que se «ve» algo de Dios más allá de las imágenes mentales.

Pero no podemos comprender el alcance de esta «oración espiritual» sin mencionar el contexto en el que Evagrio habla de ella. Uno de los grandes problemas del monaquismo egipcio fue el *antropomorfismo*, es decir, la tendencia a representar al Señor durante la oración como si fuera una persona de carne y hueso.

¿De dónde nacía el equívoco? De la doctrina del hombre creado a imagen de Dios, de la que algunos monjes menos cultos sacaban conclusiones inadecuadas: si el hombre está hecho a imagen de Dios, ¡entonces Él tiene piernas y brazos como un hombre! A nosotros estas cuestiones nos parecen absurdas y lejanas, pero ocultan una problemática siempre presente: la tendencia de los hijos de Adán de todos los tiempos a humanizar el Cielo y a imaginarlo de manera demasiado pequeña y terrenal. Sabemos que, en virtud de la Encarnación, el Hijo de Dios puede ser representado –como estableció el segundo concilio de Nicea del año 787, poniendo fin a la iconoclastia–, pero esto es diferente a imaginar al Padre con cabeza, piernas y brazos. El arte lo ha hecho –pensemos en el Renacimiento italiano–, pero sin decir nunca que Dios sea precisamente lo que se representa. Los pobres monjes egipcios de la época, tal vez menos inclinados a simbolizar, al comprometerse intensamente con la oración, necesitaban también representarse con la imaginación las facciones del Interlocutor celestial. Todo muy humano, pero también muy ingenuo. La oración espiritual enseñada por Póntico se sitúa precisamente en este contexto y quiere indicar un camino muy diferente. Dicho esto, podemos examinar de cerca –aunque brevemente– de qué madera está hecha la contemplación de Evagrio.

¿Quién reza? El intelecto, que –como ya se ha dicho– no hay que entender como una mera facultad de raciocinio, sino también como asombro, apertura a lo divino y capacidad de recibir. Escuchemos a Evagrio: «La oración es un estado de la mente generado por la única luz de la Santísima Trinidad». La oración es un «estado» –¡no una acción!–, que la gracia genera en el intelecto; no es el resultado de ninguna técnica, sino un secreto divino revelado a quien ha sido sumergido en las aguas del Bautismo.

¿Cuándo ora la mente? Para entrar en la oración espiritual, el intelecto debe convertirse, despojándose de las viejas pasiones –especialmente la ira, según la perspectiva de Evagrio– y revistiéndose de las virtudes de Cristo, el Hombre nuevo. Póntico aplica claramente la enseñanza de Pablo (cf Ef 4,22-24) a la mente que se dispone a orar: «Cuando la mente se haya despojado del hombre viejo y se haya revestido de lo que proviene de la gracia, entonces verá, en el momento de la oración, su propia condición, semejante al zafiro y al color del cielo, que la Escritura llama *el*

lugar de Dios, y que vieron los ancianos en el monte Sinaí». A la mente que ha aceptado la conversión le está reservado un premio maravilloso: contemplar su condición divina. Téngase presente la «paleta» utilizada por Evagrio: el zafiro es el color del trono de Dios en la visión de Ezequiel (cf Ez 1,26), y en general el color del cielo, el lugar donde Dios habita.

El conocimiento en la contemplación. Escuchemos a Evagrio:

> Cuando tu intelecto, en el ardiente deseo de Dios, comienza paulatinamente como a salir de la carne, y consigue alejar todos los pensamientos causados por los sentidos, o por la memoria, o bien por el temperamento, alcanzando poco a poco la plenitud de la reverencia y de la alegría, entonces puedes considerar que te has acercado a los límites de la oración.

Tenemos aquí un pequeño resumen del camino del orante:

- Hay que acercarse al umbral de la oración, y esto sucede cuando se «abandona la carne», cuando nos alejamos de los pensamientos viciosos.
- En este punto del camino se experimenta un estado de temor reverencial hacia Dios, mezclado con la alegría. Esta nota de la alegría

es fundamental en Evagrio: no se trata de percibir lo «divino en uno mismo» ni de un sentido generalizado de armonía natural, sino de tener en el corazón esa paz que proviene de haber superado el combate más crudo, es decir, el choque con el demonio de la acedia –el «viernes santo» del aburrimiento de vivir, del disgusto y del sinsentido–.

• Por último, el Espíritu Santo puede llevar a la contemplación de la Santísima Trinidad; pero ojo, eso no significa que el contemplativo la «vea» con los ojos del cuerpo, sino más bien que está completamente impregnado de ella. Esta experiencia es indecible, inenarrable, pero muy real: es un verdadero «fenómeno saturado», es decir, un acontecimiento tan rico que *consuma* el sentido de toda palabra humana (cf 2Cor 12,4).

Esta es, pues, la *secuencia contemplativa evagriana:* paz interior –alegría– luz e intuición de la Trinidad. No se puede decir más, pero el Póntico insiste en subrayar la veracidad de esta experiencia mística. El creyente no conoce la fuente de esta luz espiritual que lo invade, no sabe si brota de su corazón puro o le llega desde fuera. Esto sigue siendo un misterio, como atestigua el propio Evagrio en una nota autobiográfica:

Respecto a esta luz, el siervo de Dios Amonio y yo querríamos saber de dónde venía; preguntamos entonces al santo Juan, vidente de la Tebaida, si la naturaleza del intelecto es verdaderamente luminosa y si la luz brota de él o hay algo más que brilla desde fuera y lo ilumina; él entonces nos respondió diciendo: «El hombre no es capaz de explicarlo y, además, sin la gracia del Señor, el intelecto no puede iluminarse con la oración antes de ser liberado de muchos y crueles enemigos que obran para su perdición».

La contemplación en san Juan Casiano

Demos un profundo suspiro y, dejando las cumbres de Evagrio, dirijámonos a otro gran monje del desierto que también enseñó en Occidente durante muchos siglos. Hablamos de san Juan Casiano, originario de Escitia (actual Rumanía) y que falleció en Marsella el año 435. Su doctrina contemplativa es una síntesis entre la unción llena de devoción del gran san Macario el egipcio y el colorido intelectual de Evagrio. Vale la pena conocer su propuesta, tanto por su equilibrio como por la sencillez que la caracteriza, y no menos por su arraigo en la enseñanza evangélica, donde Jesús señala que hay que acudir al Padre con confianza y sobriedad de palabras.

También para Casiano la mente humana ha sido creada para la contemplación de Dios y llega a ella en la medida en que se hace *pobre*. ¿Qué significa *hacer pobre la mente?* Significa centrarse y detenerse en unas pocas palabras breves; cuando se muerde poco, ¡se mastica bien! La verbosidad de los contenidos no favorece el ascenso contemplativo, es más, condena a la dispersión. Por otra parte, ¿la oración de sencillez –que ya hemos mencionado– no conduce al mismo objetivo? Casiano escribe en su décima conferencia que ha aprendido una forma de orar muy sencilla y muy eficaz de los pocos y ancianos monjes experimentados que quedaban. Todo se reduce a la invocación del Sal 70: «Dios mío, ven en mi auxilio; Señor, date prisa en socorrerme». El lector familiarizado con la Liturgia de las Horas se habrá dado cuenta ya del origen de estas palabras de apertura. Y no es casualidad, ya que las *Conferencias* de Casiano han tenido un enorme éxito en Occidente. Intentemos pasar revista a las diferentes funciones de esta invocación, extraída de los salmos y practicada por los monjes del desierto.

Invocación y confesión. Para Casiano esta oración breve –quizás una de las primeras «jaculatorias» cristianas– da voz por sí sola a los diversos estados de ánimo que la naturaleza humana puede experimentar, como si todas las invocaciones pronun-

ciadas por los personajes que se encuentran en la
Biblia se recogieran en esta: «Dios mío, ven en mi
auxilio». Pero, sobre todo, la oración transmitida
es la admisión de una realidad: nosotros solos no
lo conseguimos. La autosalvación –en cualquier
circunstancia– queda excluida. La palabra del sal-
mista debe ser «repetida» en sentido monástico,
como ya hemos destacado, donde repetir y meditar
coinciden en una especie de rumia. Se repite y se
memoriza, y cuanto más se repite, más se abren las
palabras, revelando significados inéditos. Para los
monjes del desierto –no lo olvidemos– una sola Palabra de las Escrituras tenía el poder de alimentar
la oración de toda una vida. La avidez espiritual,
que empuja a buscar siempre nuevos contenidos o
instrumentos, era para ellos un vicio temible. Los
antiguos monjes se tomaban muy en serio la súplica del centurión de Cafarnaún: «Basta que digas
una Palabra, y mi criado quedará sano» (Mt 8,8).
Cuanto más se permanece en una sola Palabra,
recibida del Señor a través del padre espiritual,
más se facilita la curación y la santificación. Con
este versículo de Sal 70, entonces, el orante toma
conciencia del poder de Dios y de su pequeñez. Si
le pido al Señor que me auxilie, lo hago porque Él
es todo y yo nada, Él es poderoso y yo impotente.
Las palabras de la oración revelan quién es Dios
y quién soy yo. Se trata –en última instancia– de

transformar la confesión de fe: «Creo en Dios, Padre todopoderoso», en una súplica sentida.

Invocación y combate. Junto a la repetición meditada que abre a la confesión, la invocación preferida por Casiano debe tener también un lugar en el combate espiritual. En efecto, se debe rezar cada vez que se sufre la amenaza de los malos pensamientos. Si he sido tentado por la gula, la lujuria o la envidia, puedo rápidamente armarme con la oración, porque la repetición del nombre de Dios no era para los antiguos un simple sonido, sino que hacía presente la fuerza de quien era invocado. Rezando «Dios mío, ven en mi auxilio», se invita al Señor a luchar por nosotros. En el desierto de la prueba se entra si tenemos quien nos defienda, ya que el hombre, por sí solo, nada puede hacer contra el maligno. Repetir la invocación no solo pide la defensa del Cielo, sino que purifica al orante del orgullo: él es una pobre criatura tiranizada por las «representaciones» que le sugieren los pensamientos viciosos.

Es cierto que este ejercicio resulta muy fastidioso porque, si me dominan las pasiones, lo último que se me ocurrirá será rezar. En parte, tal vez, porque no me sentiré digno de ello –«¿Cómo va a escucharme el Señor a mí, que he sido tentado?», por poner un ejemplo–; y también porque todavía estaré muy apegado al pecado, contra el que, de verdad, en lo más profundo de mi corazón, no tengo ninguna intención de luchar. Cualquiera que sea la situación del orante, en cierto sentido hay que «forzarse», obligándose a ver las cosas desde otra perspectiva. Efectivamente, si he sido tentado, la invocación repetida de la oración me obligará por fuerza a postergar el pecado hasta hacerme ver la situación desde otro punto de vista. Cuando una persona tiene una crisis histérica incontenible, se le da una bofetada... Es casi seguro que el *shock* físico conseguirá que vuelva en sí, permitiendo que se calme. ¡La invocación sugerida por Casiano es como una «bofetada» espiritual asestada en medio del delirio!

Invocación y contemplación. Después de esta fase más ascética, en la que se confiesa el poder de Dios y se combate junto con el Señor, la repetición de la advocación para san Juan Casiano se abre a verdaderos espacios contemplativos. La oración se convierte en «fuego». ¿Qué significa? Alejémonos de lo genérico, en la medida de lo posible, con la ayuda de una anécdota muy perspicaz de los Padres del desierto: un día el *abba* Lot fue a visitar al *abba* José de Panephysis y le dijo: «Dentro de mis posibilidades, recito mi oficio, ayuno un poco, rezo, medito, vivo en recogimiento y, en la medida que puedo, purifico mis pensamientos. ¿Qué más tengo que hacer?». Entonces el anciano se levantó, extendió las manos hacia el cielo, sus dedos se volvieron como diez antorchas: «Si quieres –le respondió– conviértete entero en fuego».

Esta pequeña historia enseña de manera admirable lo que podría ser la contemplación para un monje en el desierto egipcio: no se trataba tanto de recorrer un camino, seguir un método o afrontar un modo de orar. *Contemplativo* era quien había renacido desde el Espíritu Santo. La oración de fuego de Casiano entra exactamente en esta dimensión: a fuerza de rumiar la invocación «Dios mío, ven en mi auxilio» nos transformaremos y ya no rezaremos más las oraciones ni tendremos momentos de oración, sino que *nos convertiremos en las palabras que rezamos*. Esto es *contemplar*. No existe –entonces– la contemplación como «momento», sino como «estado» en el que vive el creyente como si viera a Dios junto a sí mismo en cada momento. Describir una vida así no es posible, pero algunos efectos –según Casiano– son evidentes. El fuego se ve, no se puede ocultar. Aquí están, a continuación:

- El hombre contemplativo está absorto en continua oración, ha descubierto por la gracia la fuente que es el Espíritu, derramado en los corazones, que grita incesantemente: «*Abba*, Padre» (Rom 8,15). Fijémonos bien: no ha alcanzado la meta de la oración continua, pero la ha descubierto dentro de sí, ha estado siempre ahí, desde el Bautismo.

• El hombre contemplativo se reconoce por el hecho de que tiene una comprensión particular de las Escrituras en sentido sapiencial. El primer objeto de la contemplación, de la «visión», enseña Casiano, es la página bíblica. Se «ve» lo que dice la Palabra. El contemplativo descubre el rostro misericordioso y justo del Padre en cada pasaje de la Biblia. Aunque no siempre sea un erudito, él sabe lo que esconde la página sagrada. Aquí hay que subrayar una nota importante, que marca un poco de distancia con nuestra perspectiva: el contemplativo no aplica el Evangelio a la vida, sino que descubre la verdad del Evangelio a partir de lo que ve. No aplica el Evangelio a la existencia, sino que descubre en el mundo la Palabra viva.

• El contemplativo es finalmente un creyente que ve los bienes celestiales. No solo espera, sino que *conoce* la vida del mundo futuro. No es solo cuestión de una fe fuerte, como si yo dijera «quiero creer con todo el corazón en la eternidad», hay algo más. El contemplativo vive como si lo mejor hubiera sucedido ya. Espera porque sabe. Experimenta ya situaciones en las que el Espíritu es más fuerte que la carne y por eso cree en la resurrección, obra suprema del Paráclito. ¿Cuáles son esas experiencias? Todas esas en las que la carne –aunque se rebele– logra dominarse: la carne se rebela ante el ayuno, pero el monje ayuna; la carne se rebela ante el perdón al enemigo, y el monje perdona; la carne se indigna cuando se encuentra con su calumniador, y el monje se inclina y le pide la bendición; la carne se calienta ante la provocación de la prostituta enviada aposta para hacer caer al monje, y el monje le enseña a rezar; la carne tiembla ante los animales salvajes y el monje los domestica. Estos triunfos experimentados en el presente dan al contemplativo la certeza de la victoria futura.

El sabio equilibrio de Occidente

En este último apartado del tercer capítulo quisiera recoger algunas sugerencias rápidas de la Tradición occidental, que se caracteriza por un extraordinario equilibrio y la claridad de los contenidos. El Occidente cristiano no es muy dado a sorpresas o experiencias que no puedan catalogarse en un paradigma... pero ese «defecto» no puede hacernos cerrar los ojos a la gran capacidad de los doctores y místicos de nuestra casa para describir sin malentendidos ni excesos la vida en el Espíritu –en la medida que se puede llegar a expresar– y, por tanto, la dimensión contemplativa de la oración. Las palabras claras son también más fáciles de comprender y experimentar; además, cuando las cosas son lineales, nos engañamos menos. Aunque sigue siendo cierto que, si el Espíritu del Señor es libertad, no por eso crea vidas desordenadas. ¡Todo lo contrario! He aquí, pues, una pequeña antología, compuesta por algunas reflexiones de grandes autores: Ricardo de San Víctor, los teólogos de la Escuela carmelita y san Francisco de Sales.

Ricardo de San Víctor. Canónigo agustino, teólogo y místico, que falleció en París en 1173, es un autor que marcó profundamente la historia de la espiritualidad del segundo milenio cristiano. Su reflexión influyó especialmente en san Buenaventura de Bagnoregio, y fue considerada como un punto de referencia imprescindible al menos hasta santa Teresa de Jesús. Dedicó dos obras a la contemplación, el *Benjamín menor* –que trata de cómo el alma ha de prepararse para la contemplación– y el *Benjamín mayor* –que habla de la contemplación en sí–. Ricardo definía así la contemplación: «La contemplación es la mirada perspicaz y libre del alma al escrutar las cosas por dentro». El gran victorino es hijo de san Agustín, por eso no le interesa tanto el objeto de la contemplación –que en definitiva, en su forma más elevada, es siempre la Trinidad entendida como Amor y Alegría supremos, a la que se asciende a través de la reflexión sobre las criaturas–, como la criatura que contempla, su facultad perceptiva y reflexiva.

Según Ricardo, conocemos la realidad a través de los sentidos, que crean en nosotros imágenes que luego utilizamos para orientarnos en el mundo (fase de la *cogitatio*), y así reflexionamos sobre la realidad, iluminados por las ideas que Dios ha puesto en nosotros en su divina sabiduría y bondad *(meditatio)*. Sin embargo, este conocimiento nosotros lo asumimos de forma fragmentada, casi en compartimentos: conocemos el color de un tejido, el tipo de tejido, su calidad, la suavidad, el espesor, la trama y la textura. El intelecto entonces –para sintetizar– reúne todos estos elementos en una mirada unitaria, amplia y comprensiva (y esto es la *contemplatio)*. En otras palabras, el fragmento se coloca en el todo y las diversas informaciones «troceadas» que habíamos recopilado –fijémonos bien– se mantienen unidas por el amor. Este es un punto crucial a tener muy en cuenta. ¡Solo el amor nos permite tener un conocimiento pleno y amplio de la realidad, es decir, poseer un saber contemplativo! Es muy fácil entenderlo: conservamos informaciones fragmentadas sobre muchas personas –dónde viven, en qué trabajan...–, pero solo sobre los que amamos tenemos un conocimiento «contemplativo», es decir, profundo y amplio. ¡Solo el amor mantiene unidos los fragmentos!

Ricardo, por tanto, afirma que no conocemos la realidad de las cosas solo a través de la observación analítica, necesitamos el amor. Y esto se aplica también a la relación con Dios. La razón selecciona las informaciones que ofrecen los sentidos y luego medita sobre su significado, pero es la contemplación del amor la que une todo. Tras llegar a este punto –y solo a partir de aquí–, comienza el posterior ascenso del alma contemplativa, que experimenta tres momentos sucesivos, a saber, la dilatación (*dilatatio*), la elevación (*subelevatio*) y el éxtasis (*alienatio*):

- *Dilatatio:* el alma contemplativa amplía su mirada, pero sin perder el conocimiento penetrante de lo particular. En la vida cotidiana, cuando me asomo al balcón, veo el panorama que hay abajo y, cuando enfoco los prismáticos, observo los detalles. No puedo hacer ambas cosas al mismo tiempo. En la *dilatatio*, en cambio, estos dos momentos son simultáneos. Primer grado del ascenso.
- *Subelevatio:* el alma se eleva gracias al Espíritu hacia la contemplación de algo que a la mente humana se le escapa o más bien le es imposible

comprender. Piénsese en el misterio de Dios, Uno en tres Personas iguales y distintas.

• *Alienatio:* aquí estamos no solo más allá de la capacidad de la mente humana, sino más allá de la mente misma, que se pierde para reencontrarse en el Señor. El alma sale de sí misma permaneciendo aún en sí misma; no es absorbida por Dios –hasta el punto de ser anulada–, sino transfigurada en Dios.

La Escuela carmelitana. Dos enfoques: la escuela teológica de Salamanca y la reflexión sobre la contemplación de Felipe de la Santísima Trinidad. Dejo deliberadamente fuera a los grandísimos Teresa de Jesús, Juan de la Cruz y Teresa de Lisieux, imposibles de resumir en unas pocas líneas.

A) La orden carmelita tenía en España dos centros de estudio para los frailes estudiantes, el de Alcalá, donde se estudiaba Filosofía, y el de Salamanca –que ya habían hecho famosa los teólogos dominicos– donde se enseñaba Teología. Los frailes teólogos seguían esencialmente las enseñanzas de santo Tomás de Aquino, mediante una interpretación no servil del pensamiento del gran Doctor de la Iglesia, hasta el punto de que, a partir de 1631, compusieron una de las más famosas y monumentales obras de comentario a la *Suma de Teología*. La definición que los carmelitas ofrecen de la contemplación es de gran profundidad, considerando que la orden había comenzado como una comunidad semieremítica en el Monte Carmelo, en Palestina, alrededor del siglo XI. Su *Regla*, escrita por san Alberto, patriarca de Jerusalén, gira fundamentalmente en torno a la meditación de la Escritura realizada en soledad y silencio. Se transformó en el siglo XIV en una «orden mendicante» –y por tanto asimilada a los franciscanos, a los dominicos, a los Siervos de María y a los agustinos–, pero la orden siempre intentó mantener viva en su interior la llama de la contemplación, especialmente a través de la reforma de Teresa de Jesús y Juan de la Cruz. No es casualidad que la doctrina sobre la contemplación, reconocida como *patrimonio común* en la Iglesia católica, provenga de los grandes místicos y doctores del Carmelo. Así, los carmelitas descalzos salmanticenses ofrecen una hermosísima definición de oración contemplativa, extraída no solo del estudio académico, sino también de la experiencia histórica de la orden.

Santo Tomás de Aquino definía la contemplación como una «simple *intuición* de la *verdad*», a esto los teólogos carmelitas añaden un matiz significativo al enseñar que se trata de una «simple *intuición* de la *verdad* bajo el influjo del *amor*».

Hagamos un pequeño esfuerzo y entremos en la mentalidad de estos grandes teólogos escolásticos.

Santo Tomás afirmaba que la contemplación tiene como órgano el intelecto que ve el misterio, pero no «ve» a través de un razonamiento, sino que más bien «intuye», se ilumina. Esta intuición es «simple» en sentido etimológico, es decir, «sin dobleces», completa, sin zonas oscuras. En esta contemplación es la Verdad la que se nos ofrece, se da, y porque se da, la acogemos. Ahora bien, puede que a nosotros nos suene extraño, pero la voluntad y los afectos no son necesarios para la contemplación: para ver una obra de arte no necesito amarla ni querer comprarla. Y es precisamente aquí donde encajan los carmelitas de Salamanca, completando la definición de Tomás, y añadiendo que la contemplación se produce *bajo el influjo del amor.*

¿Qué quiere decir esto? Que la contemplación no ocurre a través del amor, sino bajo el influjo del amor. Pongamos un ejemplo: un romano sale a pasear por el Janículo con un amigo que ha venido a visitarlo desde otra ciudad; al llegar al mirador –al lado de la estatua de Garibaldi–, el que hace los honores de cicerone toca el hombro de su amigo y le dice: «¡Contempla la maravillosa vista de Roma que tenemos desde aquí!». El amigo –sin apenas interrumpir la conversación– accede a asomarse y, admirado por el espectáculo, exclama: «¡Qué bonito! Gracias por decírmelo, de lo contrario no me habría detenido». ¿Qué significa, entonces, contemplar «bajo el influjo del amor»? Que el turista ha visto el paisaje con sus propios ojos –no con los del otro–, pero es el interés del amigo el que lo ha impulsado a detenerse y a prestar atención y, como consecuencia de eso, sentirá gratitud hacia él. El amor –por tanto– se sitúa al principio y al final de la contemplación: el amor de Dios es la causa de haber visto, pero también está presente al final de la contemplación en forma de gratitud. Esto significa que la contemplación pasiva se produce bajo la influencia del amor: un amor que primero afina la mirada y que para terminar hace brotar en el contemplativo la gratitud por el don recibido.

B) Pasemos ahora al pensamiento de Felipe de la Santísima Trinidad. Fraile carmelita descalzo, misionero y teólogo, era originario de un pequeño pueblo de Provenza, Malaucène. Murió en Nápoles en 1671 después de una vida, cuanto menos, aventurera. En sus viajes misioneros pasó por Tierra Santa y Líbano, hasta llegar a Goa, en India. Fue también un renombrado teólogo, quizás el más grande del Carmelo reformado, al menos por lo que respecta a la sistematización de la teología mística y, por tanto, de la oración contemplativa. Felipe enseña que la contemplación pasiva no puede darse si no aparece la infusión de ciertos dones de Dios. Y como la contemplación tiene como órgano la mente, llamada a «ver» a Dios, se hacen necesarios tres de los siete dones del Espíritu Santo, o sea, los que tocan la razón humana: la ciencia, la sabiduría y el entendimiento. Cada uno de estos tres dones del Espíritu da lugar a tres tipos específicos de contemplación. Veámoslos brevemente:

- Cuando la contemplación infusa tiene su origen en el don de la *ciencia,* entonces el cristiano ve y juzga las realidades creadas y la historia, comprendiendo su dependencia de Dios. Pongo un ejemplo: observo el genio y la creatividad de un artista, entiendo que ahí hay algo que no proviene de su formación, de su experiencia, de su historia familiar... Hay *algo más* que no es resultado de lo humano, es «irreductible» a él por así decir. Este algo más eleva inmediatamente mi mente hacia la genial creatividad del Señor y me quedo asombrado por ello. En otras palabras, el don de la ciencia me hace comprender que la originalidad irrepetible del artista es una gracia que la Providencia ha puesto en su alma.

- Cuando la contemplación es provocada por el don de la *sabiduría,* el alma se ve arrebatada hacia Dios sin pasar por las criaturas –san Ignacio diría «sin causa previa»–. Tomo de nuevo el ejemplo anterior: en este caso no «veo» la creatividad de Dios porque tropiezo con el genio del artista, pero directamente, sin mediación. Cuando me siento atraído por la bondad de Dios, por su justicia, por su omnipotencia, sin pasar a través de la atención a las criaturas, entonces se da una contemplación infusa sapiencial.

• Finalmente, en el caso en que la contemplación se produzca mediante el don del *entendimiento*, entonces se alcanza la visión del misterio de Dios, un misterio que la naturaleza humana por sí sola no puede intuir. La contemplación de Dios Uno y Trino o de la unión en Cristo de la naturaleza humana y la naturaleza divina es un ejemplo de ello. En otras palabras, en la contemplación provocada por el don del entendimiento el alma es admitida a lo que es humanamente contraintuitivo, inimaginable e imposible.

Hay –por tanto– para Felipe de la Santísima Trinidad una sola contemplación infusa, pero al ser generada por tres dones diferentes del Espíritu Santo adquiere tonalidades variadas: con la ciencia se parte de las criaturas para descubrir en ellas la huella de Dios; con la sabiduría se llega a los nombres de Dios, a sus atributos, por ejemplo la bondad, y con el entendimiento se contemplan –¡no se comprenden ni se circunscriben por la mente!– las verdades más elevadas de la fe, precisamente esas que al razonamiento humano le parecen incluso contradictorias.

Pero para subrayar aún más profundamente que la contemplación infusa proviene de Dios y no puede ser producida en absoluto por la concentración humana o por técnicas de meditación, Felipe escribe que además de la gracia de los tres dones del Espíritu, es necesario que nos sean concedidos otros dones, como la fe y la profecía. Pero sobre todo es imprescindible tener la famosa *lumen gloriae* (luz de la gloria) que es la gracia de «ver» por un momento la belleza de la majestad del Señor, como les sucedió a los discípulos en el Tabor, para entendernos. Una última nota significativa que ayuda a escapar de malentendidos pseudomísticos: la contemplación infusa –cuando es auténtica– desciende de la mente, moldea la voluntad e inflama los afectos, de modo que el contemplativo no solo «ve» a Dios, sino que lo ama y sobre todo obra como Él. La caridad activa es siempre la verificación de todo auténtico don divino.

San Francisco de Sales. Nació en Thorens (Saboya), en el seno de una familia noble, y murió en Lyon en 1622. Obispo de Ginebra, su magisterio representa la cumbre de la espiritualidad occidental en la era moderna. Su obra *Introducción a la vida devota* o *Filotea* es universalmente conocida, pero la obra maestra de Francisco sigue siendo el *Tratado del amor de Dios* o *Teótimo*, la cual escribió con gran sacrificio entre 1610 y noviembre de 1614. Mientras que la primera obra sienta las bases para una vida interior seria y marcada por una dulce paciencia hacia uno mismo y hacia el prójimo, en el *Teótimo*, Francisco perfila los desarrollos de la vida mística en el cristiano que se deja moldear por el amor de Dios; en el libro sexto describe la contemplación infusa, siguiendo explícitamente la doctrina de santa Teresa, con bellísimos ejemplos y centrándose en la quietud que produce la oración pasiva. Retomemos algunas enseñanzas que siempre me han parecido muy útiles:

1. Así define Francisco nuestro tema: «La contemplación no es otra cosa que una *atención amorosa, sencilla y constante del espíritu a las cosas divinas*». ¡No sé si hay una definición más bonita que esta! No obstante, la contemplación es una «atención constante», una tensión del alma hacia lo Alto, no solo una etapa particular de la oración; incluso aquellos que no pueden pasar largos períodos en silencio y con tranquilidad, sí que son capaces de estar atentos a las cosas de Dios, o sea, de tener un alma contemplativa. Esta atención es amorosa —y no simplemente intelectual— porque nace de la fascinación que el Amor Supremo ejerce sobre noso-

tros. Pongamos un ejemplo de atención amorosa: un padre tiene que ir a recoger a su hijo a la salida del colegio –¡el primer día de clase!–; se va a su trabajo y hace sus cosas, pero su corazón está tenso por el momento en que se encontrará con su hijo para que le cuente todo. Pasa la mañana como de costumbre; la mente está atenta a las tareas que debe realizar, pero su interioridad está constantemente cautivada por esa cita importante. Esta es la contemplación de la que habla san Francisco.

2. Las diferencias entre meditación y contemplación que propone el obispo de Ginebra son una ayuda adicional para comprender lo que entiende por contemplación. He aquí algunas expresiones: «El deseo de obtener el amor divino nos hace meditar, pero el *amor conseguido* nos hace contemplar», «la meditación es la madre del amor, pero la contemplación es su *hija*». Por tanto, con la meditación preparamos el terreno para la gracia, con la contemplación degustamos sus efectos después de haberla encontrado. De ello se deduce obviamente que la meditación prepara la buena comida, la contemplación la saborea. Además, la contemplación «se hace *con gusto,* porque presupone haber encontrado a Dios y su santo amor, gozarlo y deleitarse en Él», mientras que la meditación «se hace casi siempre *con esfuerzo,* con trabajo y palabras, porque en ella

nuestro espíritu pasa de consideración en consideración, buscando en distintos lugares al Amado de su amor o el amor de su Amado». Es interesante observar cómo para san Francisco, en la experiencia del orante, una y otra no son separables, la contemplación –incluso cuando es infusa– necesita siempre de la meditación.

El obispo de Ginebra –además– enseña que la meditación busca casi «pedazo a pedazo los objetos aptos para conmovernos; la contemplación, en cambio, tiene una *visión muy simple y global del objeto amado*». Ya hemos encontrado este tema de la contemplación como visión de conjunto. San Francisco recurre a un ejemplo «olfativo»: puedo oler muchos perfumes aislados de tal o cual flor, pero el extracto de cada una de ellas puesto junto al resto produce *ese* frasco de fragancia única. Cuando huelo varios perfumes tengo la meditación, cuando huelo el frasco tendré la contemplación.

3. Otra enseñanza muy preciosa de Sales: ¿cómo se conservan los frutos de la contemplación infusa? San Francisco aconseja:

El alma a la que Dios concede santa quietud amorosa en la oración debe abstenerse lo más posible de mirarse a sí misma o a su propio reposo que, para que se conserve, no debe ser examinado con curiosidad.

Tocamos un punto fundamental. Para conservar la dulzura de la contemplación –en cierto sentido– ¡hay que «ignorar su gracia»! Si recibimos consuelo en la contemplación no debemos intentar retenerlo ni investigar los motivos por los que ha llegado. Al verdadero contemplativo no le interesa ser contemplativo. No es sencillo, ya que instintivamente intentamos siempre analizar las causas de aquello que nos gratifica para volver a probar determinadas dulzuras. Pero se trata de un doble engaño: esta actitud puede producir el efecto de hacer que nos apeguemos más a los consuelos de Dios que al Dios de los consuelos; en segundo lugar, tal pretensión puede dañar la propia contemplación, que es muy delicada. Agarrar una mariposa con los dedos significa inevitablemente comprometer su belleza... metáforas aparte, si la mariposa es la contemplación, los dedos son nuestra avidez espiritual.

4. Una última perla de la doctrina de san Francisco. Cuando es auténtica, ¿qué deja en el alma la contemplación infusa? Agarrémonos fuerte: ¡deja dolor! Esto es algo muy difícil de digerir; y sin embargo, lo sabemos bien por experiencia. Del amor nace el dolor, y viceversa. No se sufre de verdad si no es por aquellos a los que amamos y cuando se ama. Quien quiere amar sin sufrir sueña con un mundo que no existe; y quien sufre sin amar es un desgra-

ciado. ¿Acaso la Cruz nos enseña algo diferente? Así, incluso el amor con el que somos tocados en la contemplación suscita dolor.

Hay tres matices de este dolor, dice Sales. El *primer dolor* que nota el alma es el causado por la «división»: cuando uno es herido por el Bien, se descubre dividido dentro de sí mismo, o mejor quisiera salir de esta realidad para pasar a la eternidad. Cuando se toca el Más Allá, nos desenamoramos del «aquí» y del «yo». El *segundo dolor* que se siente lo provoca la ausencia de lo que se ama, y esto es muy fácil de entender. El objeto del amor, en efecto, no siempre puede manifestarse ante nosotros, y la contemplación –como ya hemos dicho– se compone de momentos fugaces. El *tercer dolor* que se siente lo han conocido perfectamente los santos: cuando nos besa el amor divino, lamentamos no saber corresponder con la misma profundidad y pureza; la brecha entre el Amante y el amado permanece, y es doloroso darse cuenta de ello.

4
Prepararse para la contemplación en la vida diaria

Recogiendo lo dicho hasta el momento sobre la contemplación activa y pasiva, intentamos ahora trazar algunas pistas para la reflexión espiritual y dar con mucha discreción algunas sugerencias para prepararse para la oración. Naturalmente, no pretendo ser exhaustivo y prefiero que algunas cosas, aunque sean pocas, sean percibidas claramente por el lector. Corresponde a cada uno de nosotros tener nuestra propia experiencia con profundidad y constancia, midiendo siempre desde Cristo lo vivido en ella. Más allá de las legítimas diferencias, hay una cosa que une todos los recorridos: para contemplar a Dios es necesario morir a nosotros mismos. No hay escapatoria a esta regla. Por lo demás, ¡cada uno puede hacer lo que quiera!

Me parece necesario señalar –para no crear ilusiones– que, si bien todos estamos llamados a la contemplación en virtud del Bautismo *(llamada general)*, no todos saborearemos la dulzura de la contemplación infusa, que en la práctica el Señor ofrece a las almas escogidas para el bien de la Iglesia –lo que se conoce como la *llamada concreta*–. Todos los bautizados son sacerdotes, pero no todos se ordenan para el ministerio presbiteral. Entre otras cosas, no debemos anhelar las alegrías de las altas cumbres de la contemplación, sino esforzarnos por disfrutar de los dones ordinarios que Dios nos concede todos los días y de los que muchas veces ni siquiera nos damos cuenta.

La perfección del cristiano, en efecto, no reside en alcanzar objetivos en la oración, sino en la escucha de la Palabra que nos anima a vivir el amor hasta el don de nosotros mismos, como Cristo. Si el lector no estuviese lo suficientemente convencido de esto, considere al menos lo siguiente: quien quiere llegar a la contemplación infusa y sus alegrías debe estar dispuesto a atravesar desiertos interiores que, aunque solo se tuviera un poco de juicio, no se querrían tocar ni siquiera con un dedo. Por tanto, que cada uno trabaje por su salvación «con temor y temblor» (Flp 2,12).

Dicho esto, podemos prepararnos de todas formas para la contemplación, al menos la activa. Y esta, enseñan los santos, es una cosa buena y recomendable.

La contemplación y el misterio pascual

Todo lo que es auténticamente cristiano lleva el sello del misterio pascual. No importa de qué manera sigamos al Señor, como monjes, sacerdotes, casados, misioneros o catequistas. Lo que importa es que en cada estado de vida se reproduzca el misterio de la muerte y Resurrección del Maestro. No es fundamental qué tipo de espiritualidad abrazamos –monástica franciscana o ignaciana–, lo importante es que estemos místicamente injertados en esos últimos días que Jesús vivió en Jerusalén a principios de abril del año 30. El cristiano es una criatura que tiene un solo *hábitat:* el Triduo pascual.

Ahora bien, es obvio que nosotros, al igual que los discípulos, estamos dispuestos a aceptar todo eso con tal de que se elimine el viernes de Pasión. El horror a la Cruz es una característica específica de nuestro hombre viejo: debemos tener paciencia con nosotros mismos. Solo el Espíritu Santo puede quitarnos tal grima. Y sin embargo, se quiera o no, la Cruz de Jesús marca la frontera entre la ciudad de Dios y la ciudad de los hombres. El mundo busca el bienestar, el cristiano busca la salvación; el mundo forma sus ideas en base a noticias y conveniencias económicas –ide unos pocos!–, el cristiano buscando la verdad; el mundo nos permite hacerlo todo... iy luego no nos perdona nada! Por mucho que nos alegremos de nuestro estar en el mundo –no podría ser de otra manera– y de todas las cosas admirables que el Creador ha puesto en él, el cristiano no puede vivir más que arrodillándose ante el Maestro, nunca ante la mentalidad actual ni ante las modas –a menudo lanzadas por quienes tienen intereses de mercado–. La mundanidad espiritual, antes que un modo de vida, es un hábito de la mente, pues «mundano» es el cristiano que no piensa desde el paradigma del misterio pascual.

En mi opinión, esta premisa es fundamental para entender qué es la contemplación para un cristiano y qué no lo es. Hay formas muy respetables de meditación, de concentración a través de la respiración, de pensamiento orientado, de conciencia plena (*mindfulness*); todo lo que ayude a vivir más en contacto con nosotros mismos y con la creación es útil y necesario. Pero la contemplación del creyente –ya sea activa o pasiva– *no es una medicina para automedicarse* ni un camino de autosalvación. Contemplar significa salir de uno mismo, atravesar las tinieblas y encontrarse en las rodillas del Padre. También la contemplación pasa por su Triduo pascual: hay un *jueves santo* de la contemplación cuando esta forma un corazón que se entrega y lava los pies a los hermanos; un *viernes santo,* cuando la contemplación se vuelve oscura, entra –como enseñaba san Gregorio de Nisa– en la nube del desánimo y es tocada por el silencio del *sábado santo* donde Dios calla, parece que todo ha terminado y está irremediablemente perdido; finalmente la contemplación entra en el *Domingo sin ocaso* en el que el Resucitado se muestra como a los discípulos en el Cenáculo. El Bautismo que hemos recibido, el cual nos sumergió en el misterio pascual, nos llevará hasta la contemplación del rostro del Padre.

Contemplar, como afirmaba el monje trapense Thomas Merton, es descubrir que dentro de nosotros hay una Fuente eterna que genera vida. Pero esta fuente no es un «divino indiferenciado» sin nombre sobre el que podamos proyectar nuestros sueños egoístas y autosuficientes. Esta fuente tiene un nombre: Jesús, el agua viva que apaga la sed para siempre (cf Jn 7,37). Y si tiene nombre también tiene un rostro que cuestiona, llama y subvierte nuestro modo de vivir. La verdadera contemplación hiere, no tranquiliza, hace incómodos los compromisos con los que cedemos al ciego amor propio. Léanse las vidas de los grandes santos y se tendrá la prueba de ello.

A la luz de lo que se ha dicho, se podrá comprender bien cómo, al menos en Occidente, los grandes contemplativos de la historia de la Iglesia han estado todos enamorados de la Pasión del Señor: basta pensar en santa Teresa de Jesús o santa Margarita María de Alacoque, para quienes todo el itinerario de la oración debía partir siempre de «hacer compañía a Jesús en Getsemaní». Todavía hoy creo que no hay mejor manera de emprender el camino de la oración contemplativa que detenerse durante largo tiempo en los evangelios de la Pasión o en las estaciones del Vía Crucis. La Pasión, sin embargo, es también un don que se encuentra en las cimas de la contemplación, como los crucifijos de acero colocados en las cimas de las montañas. Allí arriba, donde la luz del Inmenso presiona la pobre mente humana y nos descubrimos pequeños e insignificantes ante la majestuosidad de la creación, no se puede hacer más que agarrarse al Crucifijo, para no sucumbir bajo el dulce peso del vertiginoso deseo de Dios. La contemplación es esto: una cruz plantada en las cimas. Santa Teresa de Lisieux con el ofrecimiento de sí misma al Amor misericordioso testimonia precisamente este vínculo entre la cima de la contemplación y los excesos de ese afecto que se manifiesta en sumo grado el Viernes Santo. También aparecerá, en el cumplimiento final después de la muerte, el sabor completo del Domingo sin ocaso. Esto nosotros lo creemos, aunque ahora en esta tierra lo experimentemos solo en parte, como a través de un pequeño hueco abierto en una pared que deja filtrar algún rayo de luz para la alegría de estos ojos tan débiles.

Una última observación que considero de fundamental importancia: si la contemplación está tan vinculada al acontecimiento de la Resurrección del Crucificado, entonces también está vinculada a todas las verdades de fe que de ella nacen. De la antigua fórmula de fe: «Ha resucitado el Señor y se ha aparecido a Simón» (Lc 24,34), fluyen todas las verdades cristianas que profesamos en el Credo.

Ahora diré algo no muy actual pero que san Juan de la Cruz, el doctor místico por antonomasia, enseñó claramente sin posibilidad de malentendidos: *sin la fe que acoge toda la verdad católica no hay contemplación cristiana.* ¡Un no creyente no contempla a Dios! Es cierto que puede meditar con mucho fruto, pero no puede entrar en el Misterio con eme mayúscula. A menos que el Señor le dé una visión contemplativa infusa con el objetivo de convertirlo, como experimentó Saulo de Tarso en el camino de Damasco.

San Juan en su *Cántico espiritual* (undécima estrofa) enseña que el alma que anhela la unión con Dios se sirve de la luz reflejada por los dogmas de la fe para buscarlo y degustarlo. Es cierto –escribe el Doctor místico– que las fórmulas dogmáticas no agotan la verdad, pero eso no significa que puedan olvidarse o minimizarse; más bien son como la plata que recubre un jarrón de oro que nos regalan. El jarrón –o sea, el dogma– es oro puro, aunque nos llegue dentro de los límites del lenguaje humano, que es como la plata del revestimiento. La adhesión a la fe de la Iglesia no es, pues, un *optional* de la vida contemplativa, sino el alma de todo el recorrido de subida que parte de la purificación del corazón para llegar a la unión con el Señor: sin ortodoxia, no hay ortopatía. Sin verdad, estamos solo replegados sobre nuestro ombligo, sobre nuestra pequeña mente incapaz de salir de sí misma. ¿Y cómo podrá degustar la contemplación, que ha salido del ego y del olvido de sí mismo, quien reduce todo a su cabecita presuntuosa? Es curioso en este sentido que santa Teresa de Jesús, que verdaderamente alcanzó las cumbres místicas, se definiera simplemente como una fiel «hija de la Iglesia».

Convicciones y actitudes

El único contemplativo total ha sido Jesús de Nazaret en su constante apertura al Padre. Si *contemplación*, tal como se definió al principio, significa estar en presencia de alguien, Jesús siempre lo estuvo en la del Padre; no solo en sus noches de oración solitaria –muy a menudo olvidadas en la predicación–, pues este diálogo interior nunca se detuvo. Fuente inagotable de alegría, la comunión única entre Jesús y el Dios de Israel, llevada hasta sus últimas consecuencias en el Calvario, hace de Cristo para siempre *el único adorador auténtico de la historia*. Prepararse para la vida contemplativa solo puede significar conformarse con el corazón orante del Maestro, el único que puede enseñarnos a orar a través del Espíritu. Por tanto, en primer lugar, si queremos recorrer los elevados caminos de la oración, no podemos menos de confesar con toda la mente, la voluntad y los afectos: «Señor, ¿a quién vamos a acudir? Tú tienes Palabras de vida eterna; nosotros creemos y sabemos que tú eres el Santo de Dios» (Jn 6,68-69).

En la escuela de Cristo aprendemos cómo prepararnos para la contemplación, imitando los rasgos distintivos de su divina persona. Señalaré algunos de ellos:

Silencio. No es cuestión de cerrar el pico, o solo eso. Además, Jesús enseñó a lo largo y a lo ancho de Galilea y Jerusalén. El silencio a imitar es algo más profundo que «estar callados» o concentrar la mente en un punto, y se sitúa a nivel sustancial. ¡El silencio es, no se hace! Jesús es silencio, viene del silencio del seno virginal de María, resucita del seno silencioso del sepulcro donde nunca nadie se había colocado. El Verbo eterno vive en el silencio del amor del Padre. No necesitan decirse nada. El Verbo no es una palabra que se dice, sino una Palabra que crea. El silencio de Jesús está lleno de todas las palabras que la mente humana puede componer.

Nosotros hablamos para hacernos entender, Jesús guarda silencio para hacernos sabios; nosotros hablamos para herir, Jesús calla para dejarse herir; nosotros abrimos la boca para declarar nuestro amor, Jesús guarda silencio –y escribe en la tierra (cf Jn 8,6)– para hacer renacer a la criatura que ama.

Pero todavía hemos dicho poco: el silencio de Jesús en sumo grado es el silencio de su corazón que no aspira a nada más que al Cielo. *La dedicación exclusiva al Padre es el silencio de Jesús*. Esta es la actitud suprema que debemos imitar. Se entiende bien, por tanto, que para entrar en una vida verdaderamente contemplativa haya que dirigir los deseos del corazón hacia un solo punto. De nada sirve tumbarse en una estera y mirar fijamente una vela para llenar la mente, si los afectos no se concentran en un amor exclusivo. Dios «se ha hecho uno», dicen los rabinos, porque el corazón humano solo puede amar a un destinatario. No podemos tener una mente recogida y un corazón disipado. Unifiquemos el corazón a través del silencio de muchos deseos, y la mente lo seguirá con relativa facilidad.

¿Qué ayuda, pues, a imitar el silencio de Jesús? Hacerse constantemente una sencilla pregunta: ¿dónde está mi corazón? ¿En qué caja fuerte lo he puesto (cf Mt 6,21)? El contemplativo *en ciernes* es el que en todo momento sabe dónde se esconden sus deseos, como una madre que, cada vez que tiene que llamar a su hijo porque es hora de comer, sabe perfectamente dónde ir a buscarlo.

Mansedumbre y humildad. ¿Qué significaba *contemplar* en la antigüedad grecorromana? «Entrar en un templo», como ya hemos tenido oportunidad de recordar; y dentro de los templos, en la estancia central, estaba el simulacro de la divinidad. Nosotros los bautizados entramos en el templo de nuestro corazón y encontramos no un ídolo, sino el Espíritu Santo. Si pensamos en el corazón de Cristo, abierto por la lanza en el Calvario, allí encontramos el amor del Padre, la sangre que redime y el agua que vivifica (cf Jn 19,34). Para ser contemplativos debemos referirnos al único contemplativo auténtico que fue Cristo. La lección que quiere darnos es, en definitiva, una sola: «Aprended de mí, que soy manso y humilde de corazón, y encontraréis descanso para vuestras almas» (Mt 11,29). Al descanso de la contemplación –la tierra prometida de la oración– se llega haciendo nuestros los sentimientos de humildad y mansedumbre del corazón del Señor. San Francisco de Sales explicaba que Cristo es *manso* con los hombres y *humilde* ante el Padre. Manso, porque no condena, acoge, se compadece de nuestros dolores como si fueran suyos, invita a la conversión y da también los medios para cambiar, come con los pecadores, es veraz sin violencia y propone sin imponer. Jesús es también humilde hijo del Padre, acepta su voluntad no como una desgracia, sino como una oportunidad, le da gracias y siempre se siente escuchado, hace lo que ve hacer al Padre, se abandona a Él incluso en la temible hora de Getsemaní.

En línea con estas sugerencias encontramos también los consejos de santa Teresa de Jesús que, en su *Camino de perfección* (capítulos 4-12), explica las premisas de la oración. Quien quiere prepararse para la contemplación no necesita aprender una técnica –nótese bien– ¡sino más bien convertirse! Para Teresa, no se reza para vivir mejor, sino que se cambia de vida para rezar bien. Este argumento puede parecer extraño. Pero en realidad la oración no es una aplicación que se instala en el *iPhone* de la interioridad, sino la vida misma del creyente: estamos vivos para rezar, en el sentido profundo de «convertirnos en oración», es decir, estamos pendientes de lo que dice el Padre celestial. Teresa no tenía dudas al respecto: la oración es la puerta de entrada a la intimidad con Dios, al «castillo interior» que es el alma. He aquí, entonces, las premisas que ella recomienda y que nos permiten penetrar mejor en el misterio de la mansedumbre y de la humildad:

- *Amor verdadero:* apreciar los afanes de los demás y sus esfuerzos, aunque produzcan escasos resultados; amar gratuitamente sin hacer preferencias y sin crear afiliaciones o sociedades. No ser intrusivos con los demás y no atar a las personas asfixiándolas con pretensiones exageradas.

- *Desapego:* no es solo sobriedad de vida, sino también capacidad de no tener preocupaciones excesivas, especialmente por la salud o el aspecto físico –¡que hoy se han convertido en un ídolo!–. Cuidarse, sí, pero también abandonarse a la Providencia, aceptando las inevitables desventuras. Para Teresa, *desapego* significa también emanciparse de las pretensiones de los familiares, que en su época eran esencialmente dos: mantener el honor de la familia y brindar favores y recomendaciones.
- *Humildad:* aquí la santa Madre alcanza una cima. El culmen de la humildad reside para ella en renunciar a la llamada *cuestión de honor.* La propia Teresa nos pone un ejemplo: el pequeño orgullo al que no sabía renunciar estaba oculto en el hecho de que no quería que las hermanas descubrieran que no sabía cantar. Entonces –en el coro– fingía, moviendo los labios. Cada uno tiene su pequeña o gran cuestión de honor. Para rezar con gusto y entrar en intimidad con el Maestro, que se alejó de todo honor mundano, hay que renunciar a toda cuestión de honor. De eso no cabe duda.

Pureza de corazón. Los limpios de corazón verán a Dios. ¿En qué consiste esta pureza? En querer solo una cosa. Un corazón es puro cuando ama a Dios y a los demás sin tergiversaciones. Un corazón puro es un corazón sin doblez, transparente, cristalino. Puro es el bautizado cuya palabra es «sí, sí, no, no», ya que «lo que pasa de ahí viene del Maligno» (Mt 5,37). El puro no es un ingenuo, es sencillo como la paloma y astuto como la serpiente (cf Mt 10,16); es un hombre astuto por el Reino, sabe trabajar con imaginación por su propia salvación y por la de los demás (cf Lc 16,8).

Según santo Tomás de Aquino (cf *Summa Theologiae,* II-II, q. 8, a. 7), la pureza de corazón –que es una de las ocho bienaventuranzas– nace del don del intelecto y da en la vida el fruto espiritual de la fe. Intentemos comprender mejor su enseñanza. El don del intelecto proviene del Espíritu Santo, y es la gracia habitual mediante la cual reconocemos la presencia de Dios en las criaturas y en la historia que vivimos; vislumbremos la conexión entre la existencia y la verdad del Evangelio, saboreemos y hagamos nuestro el significado profundo de los sacramentos que recibimos. En otras palabras, «leamos dentro» de la realidad, para encontrar el amor de Dios y su grandeza. El don del intelecto –cuando se cultiva con perseverancia– se convierte en una forma habitual de percibir al Señor y nos cura de dos enfermedades terribles y generalizadas: la ceguera espiritual y la apatía interior.

El significado de estas enfermedades es intuitivo. La *ceguera* hace que nos desacostumbremos de encontrar a Dios en todas las cosas, como si la realidad se volviera muda e insignificante comparada con el Cielo; ya nada habla de Dios, solo de muerte. Todo, incluso las cosas bellas, acaba en el agujero negro del sinsentido. Si la ceguera espiritual nubla la mente, la *apatía* debilita la voluntad: si nada tiene sentido, ¿para qué vivir, preocuparse, optar? De poco sirve gastar las pocas energías que tenemos para aturdirse con el presente que pasa ante nuestros ojos: mejor el huevo hoy que la gallina mañana, entre otras cosas porque pensar en el futuro solo provoca ansiedad.

Así, a contraluz, entendemos mejor: la pureza de corazón es lo opuesto a la ceguera y a la apatía espiritual. El puro, como diría el teólogo Hans Urs von Balthasar, posee la «percepción del Amor», ve a Dios y –agradecido por lo que degusta– actúa en consecuencia. Puro de corazón, si queremos, es el único de los leprosos que curó Jesús que, en lugar de ir a presentarse a los sacerdotes levitas, volvió para darle gracias al Señor y arrojarse a sus pies (cf Lc 17,11-19). Reconoce la identidad del Hijo del Padre en el signo de la curación. El puro de corazón «ve» la misericordia, y esta visión, recibida por los sentidos espirituales abiertos, lejos de ser una mera emoción, se sitúa en el nivel esencial, ya que «modifica» su voluntad, impulsándole a amar a Dios y a los hermanos. Es una visión que determina opciones. El puro de corazón actúa como si viera lo invisible: así eran los santos, apostaban por empresas que otros, cegados por el presente, consideraban una pérdida de tiempo o, en el mejor de los casos, simplemente como imposibles.

Esta es la pureza que nace del don del entendimiento. Pasemos a la pureza que produce la fe. Nótese bien que no se trata de la fe como virtud teologal, que se nos infunde con el Bautismo, sino de la fe como «fruto» del Espíritu. Los frutos son las perfecciones que la gracia plasma en nosotros y que, en cierto sentido, anticipan la gloria del Paraíso. Pensemos en la alegría espiritual que todos –en alguna medida– hemos experimentado. Eso es: la fe *como fruto* consiste en la certeza de lo que se espera. No creo simplemente en Dios, como en el caso de la virtud teologal, sino que tengo la certeza de su presencia, de su estar conmigo como si lo «estuviera viendo» en persona.

Los dos grandes medios

Leyendo las vidas de los grandes contemplativos occidentales nos damos cuenta de que hay dos constantes que han marcado fuertemente su itinerario por los caminos de la contemplación activa y pasiva. Estas constantes parecen una especie de vía por la que corre veloz el tren. Son, por tanto, medios que se nos han dado también a nosotros que queremos experimentar la dimensión contemplativa de la oración: el *abandono* y el sentido de la *presencia de Dios*. No son cosas fáciles de experimentar, al menos al principio. ¡Pero qué más da! Esto es lo que han experimentado los verdaderos contemplativos y no siempre podemos escapar a la dureza de su ejemplo. Incluso los místicos eran personas frágiles como nosotros, pero no se detuvieron:

El abandono. Jesús es el contemplativo por excelencia, y quizás nunca lo fue tanto como en la oración de Getsemaní. Allí en su dramática oración, según el evangelio de Marcos, Cristo llama a Dios *Abba* y acepta el cáliz de la Pasión de todo corazón: «No se haga como yo quiero, sino como quieres tú» (Mt 26,39). El abandono al «tú» amoroso del Padre es la esencia y la motivación última de toda la oración contemplativa. A Jesús le hubiera gustado tener más tiempo antes de entregarse, tal vez para convencer a sus discípulos, temerosos y desorientados por su comportamiento. Pero sabe que el Padre tiene un plan superior. Jesús no se abandona como si hiciera un gesto de resignación; no, se entrega porque sabe que el Cielo escuchará su súplica de una manera mucho más sorprendente y definitiva. Dios no apartará el cáliz, es cierto, pero hará mucho más: aniquilará la muerte para siempre. Por eso la Carta a los hebreos dice que Jesús oró a gritos y con lágrimas «siendo escuchado por su piedad filial» (Heb 5,7). Fue escuchado... pero de una manera maravillosamente diferente. Desde entonces, el cáliz amargo de la desesperación y de la muerte ya no son el final de la vida del creyente.

No hacen falta muchas palabras más. El abandono, especialmente ante la prueba de la fe –devenida por la enfermedad, la muerte, los reveses de la vida, los escándalos en el seno de la Iglesia– y frente a la tribulación –consecuencia natural de quien sigue al Maestro–, forma parte de la vida de todo contemplativo. En la espiritualidad clásica se distinguían *tres niveles* de aceptación del dolor según el grado de unión con el Señor de cada cristiano.

Los *principiantes*, como yo, tememos el dolor y rezamos para que nos lo ahorren. El miedo puede con todo, especialmente cuando no se está poseído por un gran amor. Quien ama y sabe que es amado, a cambio, no tiene miedo de sufrir.

Los *avanzados* aceptan el dolor como parte de la vida humana y cristiana, han experimentado un poco esa transformación que nace de tomar cada día la propia cruz para seguir al Maestro. No buscan el dolor –sería absurdo y quizás blasfemo– pero saben que no se puede evitar. No se preocupan de evitarlo, engañándose a sí mismos, sino que se preparan para vivirlo. Los *creyentes* que están más *unidos a Cristo* incluso desean el dolor. Parece absurdo pero es así. Quieren sufrir para tener la oportunidad de amar: de hecho, solo el dolor manifiesta y purifica el amor. No hay en esto ningún masoquismo patológico. Un padre quiere que su hijo se dé cuenta de los sacrificios que ha hecho y hace para criarlo bien, no para recriminárselo –como sucede con frecuencia–, sino para que se sienta amado con hechos y no solo con palabras. En el bello y plástico dialecto napolitano no se pregunta: «¿me amas?», sino: «*¿me vo' bene?*» (¿me quieres bien?); y ¿cómo se responde?: «*¡assaie!*», «extraordinariamente», es decir, sin medida. Y ¿qué hay más allá del bien? Solo el bien ofrecido mientras se pierde la vida. Amar el dolor no significa buscarlo, sino entenderlo como una oportunidad inevitable para demostrarlo. *Amar el dolor es amar el amor que en él se esconde.* En cambio, nuestra cultura tiende a hacer del sufrimiento solo la ocasión de la desesperación y el cinismo. ¡Eso sí que es verdadero masoquismo!

El ejercicio de la Presencia. «Yo estoy con vosotros todos los días, hasta el final de los tiempos» (Mt

28,20). La promesa de Jesús está vinculada al don del Espíritu: a través del Consolador, el Resucitado está siempre con nosotros, para revelarnos la familiaridad del Padre con todo lo creado. El gran místico carmelita Lorenzo de la Resurrección († 1691) alcanzó las cumbres de la contemplación simplemente ejercitándose en cultivar la presencia de Dios en cada momento y actividad del día. Es una verdad simple: *Dios ama tanto a sus criaturas que nunca las deja solas.* Todo aliento de los vivos es suyo, pero también lo inanimado lleva en sí el ADN de Cristo, ya que «todo fue creado por él y para él» (Col 1,16), «por medio de él se hizo todo, y sin él no se hizo nada de cuanto se ha hecho» (cf Jn 1,3). Si Dios estuviera totalmente escondido nunca nos habría pedido que lo buscáramos: «Buscad al Señor mientras se deja encontrar» (Is 55,6). La inteligencia de la fe nos empuja –como quería san Ignacio– a «encontrar y gustar a Dios en todas las cosas». En la teología clásica se daba mucha importancia a tres tipos de presencia divina: la de inmensidad, la de inhabitación y la sacramental. Son distinciones muy bonitas que vale la pena conocer.

La *presencia de inmensidad* nos dice que Dios, que es inmenso y no está limitado por nada, es íntimo de la realidad creada. Ya lo hemos comentado unas líneas más arriba, pero profundicemos más. El lector no debe asustarse por los términos y subdivisiones adicionales; la presencia de inmensidad se produce de tres maneras:

- Por la esencia: Dios está presente en mí porque me hace existir; la vida –el ser– proviene de él. Todo lo que vive crece bajo su sol y se nutre de su agua viva. En Cristo está la vida, y todo lo que vive está emparentado con él. Nosotros somos los sarmientos unidos a la vid (cf Jn 15,2-5).
- Por la mirada: Dios está presente porque nos observa en todo momento con una mirada de amor. Siempre estamos custodiados porque somos la luz de sus ojos. La mirada divina es nuestra verdad, ya que solo Él nos conoce plenamente, más allá de los roles que desempeñemos o de las máscaras con las que nos presentemos al mundo (cf Sal 139).
- Por el poder: todo lo que es y sucede está bajo el poder de Dios. Incluso el mal es tolerado en aras de un bien mayor; y cuando el hombre, en su libertad, se hunde en la maldad, el Padre no permite que estas tinieblas tengan la última palabra sobre la vida: cada lágrima nuestra es recogida y conservada en su odre (cf Sal 56,9). Dios es poderoso no porque elimine al malvado de la tierra, sino porque puede rescatarlo y llevarlo al arrepentimiento.

La *presencia de inhabitación* es esa cercanía del Padre y del Hijo, real y consoladora, que se nos da por el Espíritu Santo derramado en nuestros corazones: «El que me ama guardará mi Palabra, y mi Padre lo amará, y vendremos a él y haremos morada en él» (Jn 14,23). La existencia del cristiano no es solo una vida ante Dios, sino «en» Dios; Cristo que vive en nosotros (cf Gál 2,20) da a nuestros días un conocimiento particular, ya que no solo descubrimos que no estamos solos, sino que poco a poco somos transformados, estamos inmersos en él. Santa Isabel de la Trinidad, carmelita descalza que murió en Dijon en 1906, vivió su experiencia contemplativa a partir de la conciencia de la inhabitación en ella de las Personas de la Trinidad. El mismo itinerario siguió la beata Itala Mela, oblata benedictina fallecida en La Spezia en 1957.

La *presencia sacramental*, finalmente, es la del Resucitado en la Eucaristía. El Señor está en medio de nosotros durante la Misa y permanece con nosotros depositado en el sagrario, como el maná que se conservaba dentro del Arca de la Alianza (cf Éx 16,32). La comunión sacramental y la adoración eucarística son el medio más sencillo y seguro para acostumbrarse a vivir continuamente bajo la mirada del Señor, para encontrarlo en todo. Baste pensar que la vida contemplativa de santa Margarita María de Alacoque se nutría constantemente de la cercanía a la presencia eucarística. Precisamente, permaneciendo en oración ante el Santísimo Sacramento, Margarita recibió la revelación del amor inmenso y desconocido de Dios, encerrado en el símbolo del corazón de Cristo.

Conclusión:
Contemplar para la Iglesia

«El santo es una persona con espíritu orante,
que necesita comunicarse con Dios.
Es alguien que no puede soportar ahogarse
en la cerrada inmanencia de este mundo,
y en medio de sus esfuerzos y de su entrega.
suspira por Dios,
sale de sí en alabanza y amplía sus límites
en la contemplación del Señor».
Papa Francisco

Quisiera concluir estas reflexiones sobre la oración contemplativa a partir de lo que dicta la Constitución sobre la Liturgia del concilio Vaticano II *Sacrosanctum Concilium,* que en el n. 2 dice lo siguiente:

En efecto, la Liturgia, por cuyo medio «se ejerce la obra de nuestra Redención», sobre todo en el divino sacrificio de la Eucaristía, contribuye en sumo grado a que los fieles expresen en su vida, y manifiesten a los demás, el misterio de Cristo y la naturaleza auténtica de la verdadera Iglesia. Es característico de la Iglesia ser, a la vez, humana y divina, visible y dotada de elementos invisibles, entregada a la acción y dada a la contemplación, presente en el mundo y, sin embargo, peregrina; y todo esto de suerte que en ella lo humano esté ordenado y subordinado a lo divino, lo visible a lo invisible, la acción a la contemplación y lo presente a la ciudad futura que buscamos.

Aquí las palabras tienen peso. Los Padres conciliares nos enseñan que en la Liturgia se puede rastrear la profunda identidad del cristiano y de la Iglesia. En la Liturgia el signo visible expresa y remite a lo invisible que lo fundamenta: el pan y el vino –por ejemplo–, que son realidades visibles, se convierten en presencia del Resucitado. Naturalmente lo invisible es preeminente respecto de lo visible que lo indica y que, en cierto modo, lo contiene. Para los Padres conciliares, este paradigma litúrgico debe aplicarse a la Iglesia y a la vida cristiana: hay signos y actividades que revelan la abundancia de una sustancia misteriosa, que viene de Dios, y que, de otro modo, sería para nosotros inalcanzable...

Tomemos algunos ejemplos: la acción, como quería el gran santo Domingo de Guzmán, mana como fuente de la abundancia de la contemplación; las obras materiales hacia los pobres nacen de la fe en la presencia de Cristo en ellos; la iglesia hecha de piedras expresa la existencia de las «piedras vivas» que son los cristianos en comunión entre sí. Todo signo, sacramental o eclesial, remite y está *subordinado* a la realidad invisible que pretende manifestar. De ello se deduce –pero en esto el Concilio se ha subestimado mucho– que la contemplación no es un *hobby* para almas elegidas o para quien tiene mucho tiempo libre, sino la sustancia detrás del accidente, el fuego detrás del resplandor, la fuente de la que mana el río. Con esto no se quiere decir en absoluto que lo que se hace con obras no sea importante. Todo lo contrario. Como enseña Santiago: «Muéstrame esa fe tuya sin las obras, y yo con mis obras te mostraré la fe» (Sant 2,18). La fe se manifiesta siempre en la vida cotidiana, en la carne de los creyentes, de lo contrario sería una simple moda filosófica pasajera. Una gnosis para unos pocos.

Pero actuar solos no hace la Iglesia. No somos cristianos porque hagamos el bien o porque evangelicemos con éxito, sino porque estamos enamorados del Bien Supremo; y como este amor era desbordante, necesariamente decidimos compartirlo con otros, a través de palabras y obras. La acción surge de la contemplación no solo por una razón práctica –para anunciar algo primero hay que haberlo experimentado–, o de una preparación meticulosa –medito y contemplo para ganar «contenidos» que después podré transmitir–, sino más bien, y sobre todo, por una cuestión de «exceso»: ningún contemplativo tiene un corazón tan fuerte como para llevar por sí solo el dulce peso del Amor que le sale al encuentro. Estas «cargas» no se pueden gestionar en soledad. Hay que compartirlas para llevar juntos el peso de la gloria de Dios. La oración contemplativa –ya sea activa o infusa– pretende ayudarnos a desarrollar una *existencia contemplativa*, es decir, un modo de vivir en el que se entra en la historia, en uno mismo y en los demás, con la mirada buena y justa del Padre, con un corazón que se deja herir como el de Jesús, con un pensamiento fresco y adorador plasmado por el Espíritu. Un cristiano contemplativo no es solo alguien que reza mejor o más, sino una persona que vive esperando al Invisible que se revela paso a paso, sin ruidos ni estridencias, y que sabe saborear el «maná del cielo» que el Resucitado deja caer siempre de sus manos hacia la tierra. El contemplativo es una especia machacada en el mortero de la gracia por la maza de la cruz. Pero la infusión que sale sabe a Vida, y a una vida que no podemos darnos solos, a pesar de todos nuestros programas pastorales.

No hagamos poesía –¡con el debido respeto por la poesía!–; la contemplación es algo urgente, especialmente aquí en Europa donde la comunidad cristiana está tentada a ceder al horizontalismo, al debilitamiento, a la evaporación de la fe, pensando quizás que «bajando el listón» del seguimiento, tendremos más gente en la Iglesia. ¡Qué ilusión! Si la sal pierde su sabor solo sirve para ser desechada y pisoteada por los hombres (cf Mt 5,13-16). El padre Primo Mazzolari recordaba que la Iglesia no existe para atraer a la iglesia al mayor número posible de personas.

El proceso hacia una *fe aguada* –esperemos que no sea inexorable– cualquiera puede constatarlo sin demasiada dificultad:

- En una catequesis reducida a animación.
- En una caridad limitada a la suplencia social.
- En una Liturgia degradada a entretenimiento.
- En una oración rebajada a búsqueda de un vago bienestar interior.
- En un seguimiento de Cristo sin cruz, donde del Evangelio se toma solo lo que parece producir más aceptación social, más consenso, ¡más *likes*!

Uno de los síntomas más evidentes de esta evaporación de la fe es el olvido que están sufriendo las obras de misericordia espirituales: aconsejar a los que dudan, enseñar a los que no saben, amonestar a los pecadores, consolar a los afligidos, perdonar las ofensas, soportar a las personas molestas y orar por los vivos y por los muertos. Hasta un ateo puede dar de comer a una persona hambrienta... pero solo un creyente puede ejercitar la misericordia espiritual. Hace falta fe para rezar, consolar, amonestar, aconsejar. ¡De todo esto en la Iglesia ya casi no se habla! «Pero cuando venga el Hijo del Hombre, ¿encontrará esta fe en la tierra?» (Lc 18,8).

La contemplación –tanto la que se vive en la «vida contemplativa» como la que es un modo de oración– ha sido y será siempre una protesta silenciosa y humilde respecto de todas esas cosas; una protesta «por» la Iglesia, para que no pierda la primacía de lo invisible sobre lo visible, del Reino que vendrá al pequeño mundo de hoy, de la precedencia del que ha de venir –Cristo como justo juez– sobre lo ya visto –las palabras y obras de Cristo entre los hombres–, de la fe activa respecto a las buenas obras hechas sin fe. Es cierto que no es una protesta que surja de la ira o del espíritu de partido, sino de la íntima unión con la dulce experiencia de Jesús de Nazaret, que pasaba las noches en compañía del Santo de Israel, cuando subía a la montaña tomando distancias de la multitud.

La oración contemplativa, vivida en casa, en la parroquia, en el monasterio, en tierras de misión... produce todo esto y hace elevar la mirada hacia la maravillosa y dura aventura de la fe. Puesto que el contemplativo sabe que no hay otra salvación más que en el celo de Dios, y que precisamente en este celo se entrelazan –de manera desconocida para la mayoría– la misericordia y la justicia. «Es terrible caer en manos del Dios vivo» (Heb 10,31). Sí, así es precisamente. Pero dentro de la Iglesia ¿quién lo cree todavía?

Laus Deo

Índice